中国少儿百科知识全书

水的旅行
奇妙的地球环游记

岩石与矿物
闪闪发光的宝藏

有趣的力学
看不见的魔法师

船舰的秘密
敏捷、坚毅、航空母舰

汽车世界
速度与激情

飞越太阳系
人类的太空家园

地球的故事
46亿年的奇迹

奇妙的人体
精密运行的机器

微生物王国
无处不在的小生命

食物的奥秘
从田间、农场到厨房美味

南极和北极
期待世界尽头

奇趣物理
小到微粒、大至宇宙

化学世界
奇特又诱人

医学史话
与病魔搏斗的历静之战

神奇的人脑
思维的智慧之源

辉煌的古罗马
文化遗产熠熠生辉

能源探秘
探寻绿色低碳生活

神秘机器人
工智能的未来

神奇的化学元素
宇宙的音符、自然的写照

神秘多彩的光
浪漫泪光之旅

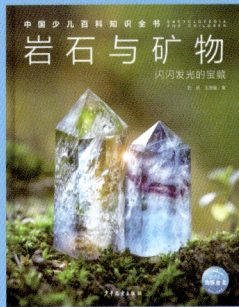

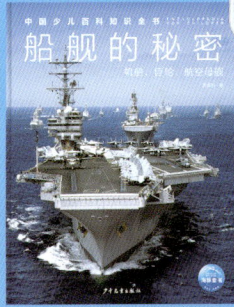

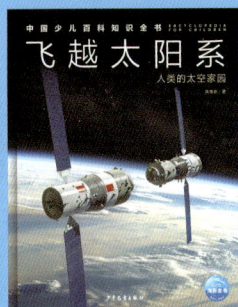

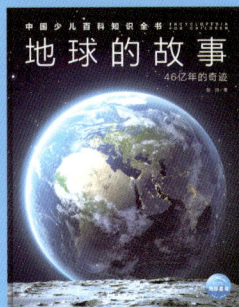

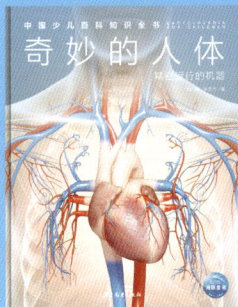

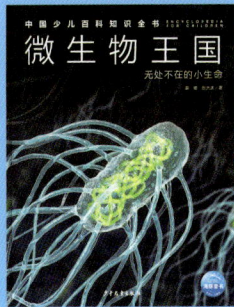

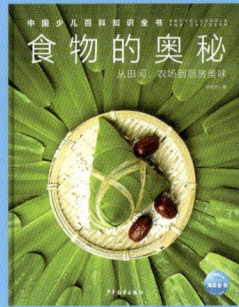

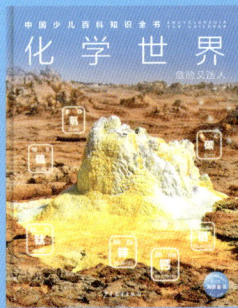

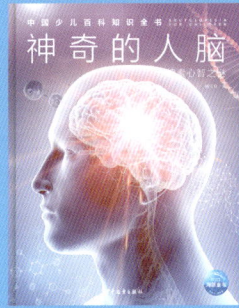

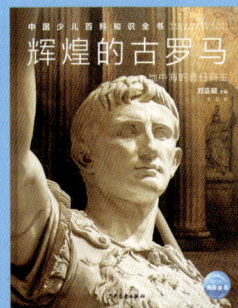

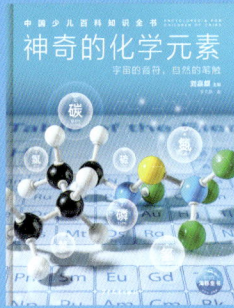

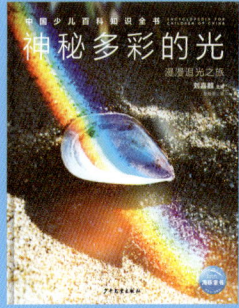

中国少儿百科知识全书 精装典藏本

精彩内容持续更新 敬请期待

中国少儿百科知识全书

印度文明

多彩而神秘

刘嘉麒 主编

何 赟 / 著

少年儿童出版社

印度文明起源于5000年前，是人类最古老的文明之一。它像一颗闪耀的明珠，散发着璀璨的光芒。

天马行空的神话畅想了世界的起源，形态多样的神庙寄托着人们的信仰，印度人俨然生活在一个多彩而神秘的世界里。你知道吗？我们熟悉的时尚运动项目瑜伽、武侠小说里的"天龙八部"和"四大金刚"、世界三大宗教之一的佛教都来自印度。《西游记》取材于玄奘西行取经的真实经历，美猴王孙悟空还有一个印度远亲呢！

中国少儿百科知识全书

ENCYCLOPEDIA FOR CHILDREN OF CHINA

总　序

科技是第一生产力，人才是第一资源，创新是第一动力，这三个"第一"至关重要，但第一中的第一是人才。千秋基业，人才为先，没有人才，科技和创新皆无从谈起。不过，人才的培养并非一日之功，需要大环境，下大功夫。国民素质是人才培养的土壤，是国家的软实力，提高全民科学素质既是当务之急，也是长远大计。

国家全力实施《全民科学素质行动规划纲要（2021—2035 年）》，乃是提高全民科学素质的重要举措。目的是激励青少年树立投身建设世界科技强国的远大志向，为加快建设科技强国夯实人才基础。

科学既庄严神圣、高深莫测，又丰富多彩、其乐无穷。科学是认识世界、改造世界的钥匙，是创新的源动力，是社会文明程度的集中体现；学科学、懂科学、用科学、爱科学，是人生的高尚追求；科学精神、科学家精神，是人类世界的精神支柱，是科学进步的不竭动力。

孩子是祖国的希望，是民族的未来。人人都经历过孩童时期，每位有成就的人几乎都在童年时初露锋芒，童年是人生的起点，起点影响着终点。

培养人才要从孩子抓起。孩子们既要有健康的体魄，又要有聪明的头脑；既需要物质滋润，也需要精神营养。书籍是智慧的宝库、知识的海洋，是人类最宝贵的精神财富。给孩子最好的礼物，不是糖果，不是玩具，应是他们喜欢的书籍、画卷和模型。读万卷书，行万里路，能扩大孩子的眼界，激发他们的好奇心和想象力。兴趣是智慧的催生剂，实践是增长才干的必由之路。人非生而知之，而是学而知之，在学中玩，在玩中学，把自由、快乐、感知、思考、模仿、创造融为一体。养成良好的读书习惯、学习习惯，有理想，有抱负，对一个人的成长至关重要。

为孩子着想是成人的责任，是社会的责任。海豚传媒

与少年儿童出版社是国内实力强、水平高的儿童图书创作与出版单位，有着出色的成就和丰富的积累，是中国童书行业的领军企业。他们始终心怀少年儿童，以关心少年儿童健康成长、培养祖国未来的栋梁为己任。如今，他们又强强联合，邀请十余位权威专家组成编委会，百余位国内顶级科学家组成作者团队，数十位高校教授担任科学顾问，携手拟定篇目、遴选素材，打造出一套"中国少儿百科知识全书"。这套书从儿童视角出发，立足中国，放眼世界，紧跟时代，力求成为一套深受 7 ~ 14 岁中国乃至全球少年儿童喜爱的原创少儿百科知识大系，为少年儿童提供高质量、全方位的知识启蒙读物，搭建科学的金字塔，帮助孩子形成科学的世界观，实现科学精神的传承与赓续，为中华民族的伟大复兴培养新时代的栋梁之材。

"中国少儿百科知识全书"涵盖了空间科学、生命科学、人文科学、材料科学、工程技术、信息科学六大领域，按主题分为120册，可谓知识大全！从浩瀚宇宙到微观粒子，从开天辟地到现代社会，人从何处来，又往哪里去，聪明的猴子、美丽的花草、辽阔的山川原野，生态、环境、资源，水、土、气、能、物，声、光、热、力、电……这套书包罗万象，面面俱到，淋漓尽致地展现着多彩的科学世界、灿烂的科技文明、科学家的不凡魅力。它论之有物，看之有趣，听之有理，思之有获，是迄今为止出版的一套系统、全面的原创儿童科普图书。读这套书，你会览尽科学之真、人文之善、艺术之美；读这套书，你会体悟万物皆有道，自然最和谐！

我相信，这次"中国少儿百科知识全书"的创作与出版，必将重新定义少儿百科，定会对原创少儿图书的传播产生深远影响。祝愿"中国少儿百科知识全书"名满华夏大地，滋养一代又一代的中国少年儿童！

中国科学院院士
火山地质与第四纪地质学家 刘嘉麒

目　录

神话与传说

印度文明起源于 5 000 年前。在印度神话中，神明掌控着世界的诞生和毁灭，也会给人带来好运和财富。

古老的思考者

古印度人热爱思考和学习，具备超强的宏大思维能力。他们在数学、医学等领域都颇有建树。

揭秘更多精彩！

奇趣AI动画

走进"中百小课堂"
开启线上学习
让知识动起来！

扫一扫，获取精彩内容

印度人的生活

社会的等级、饮食的方式、穿戴的服装、眉心的纹饰……印度的宗教文化深深影响着人们的生活。

奇妙的印度建筑

从各式各样的神庙，到美丽宏伟的泰姬陵，印度建筑既蕴含着信仰的力量，也闪耀着情感的光芒。

中国与印度

中国古人把印度称作天竺，它是《西游记》里玄奘取经的目的地。美猴王孙悟空还有一个印度远亲呢！

附　录

五千年的印度文明

印度文明起源于 5 000 年前，是人类最古老的文明之一。它拥有丰富、玄奥的文化，深深吸引着世人。

妙闻为患者做手术。

约前 6 世纪

传说中，黑天的去世意味着争斗时代的开始。

摩亨佐·达罗曾是印度河流域文明的重要城市。

印度现存最古老的文献之一《梨俱吠陀》编定。

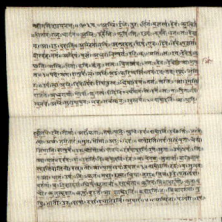

马其顿王国国王亚历山大率军入侵印度北部。

前 3102 年

前 3000—前 2000 年

前 2000—前 1000 年

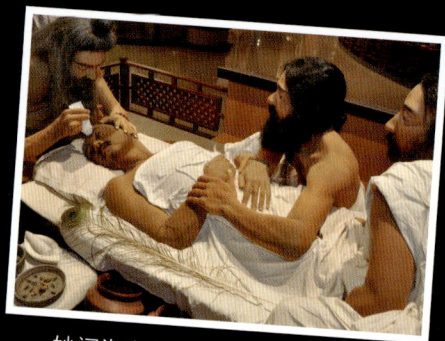

前 326 年

前 3000—前 2000 年

约前 7 世纪

前 3 世纪

前 2000—前 1000 年

古印度人发明数字符号。后来，数字符号经由阿拉伯人，传入欧洲。

婆罗门教开始发展起来。

一些雅利安人从中亚进入印度河流域，创造了古印度的吠陀文化。

前 6—前 5 世纪

释迦牟尼创立佛教。

哈拉帕曾是印度河流域文明的中心，当时的人们已发明出了棋盘游戏。

阿育王即位，摩揭陀国孔雀王朝进入最强盛的阶段。后来，阿育王立佛教为国教，并广建寺塔。

前 268 年

数学家和天文学家阿耶波多第一出生。

476 年

玄奘取经归来。我国明代小说《西游记》就取材于他去印度取经的故事。

在拉什特拉库塔王朝时期，人们在山岩中开凿出凯拉萨神庙。

8—9 世纪

两位印度僧人迦叶摩腾与竺法兰牵着白马，来到中国。

67 年

645 年

前 150—前 100 年

摩揭陀国巽伽王朝诸国王对巴尔胡特佛塔进行扩建，新增了栏楯和塔门。它是印度早期佛教艺术的代表之一。

399 年

中国东晋的僧人法显前往印度取经。

527 年

1632 年

7 世纪

菩提达摩到达中国，此时正值中国的南朝宋末。达摩是中国禅宗初祖。

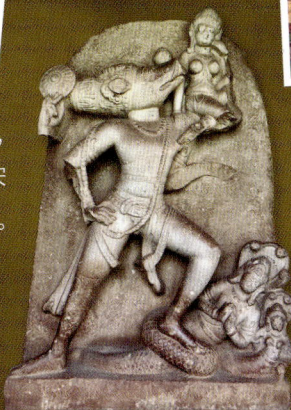

泰姬陵开始修建。它是印度伊斯兰建筑的主要代表。

遮娄其王朝早期的诸王以毗湿奴的野猪化身作为王室族徽。

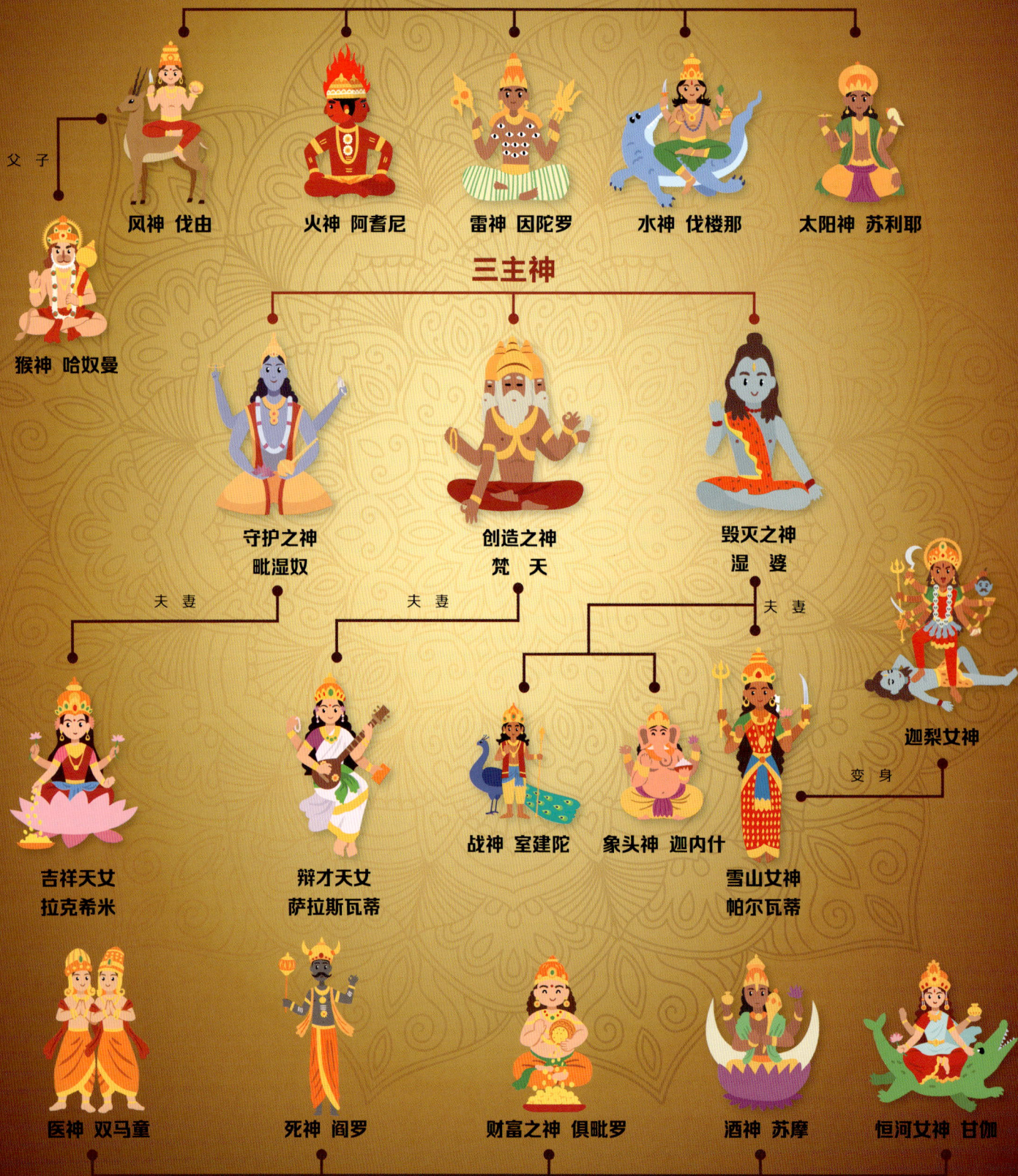

印度众神

风神 伐由

火神 阿耆尼

雷神 因陀罗

水神 伐楼那

太阳神 苏利耶

父 子

猴神 哈奴曼

三主神

守护之神
毗湿奴

创造之神
梵天

毁灭之神
湿婆

夫妻

夫妻

夫妻

迦梨女神

吉祥天女
拉克希米

辩才天女
萨拉斯瓦蒂

战神 室建陀

象头神 迦内什

雪山女神
帕尔瓦蒂

变身

医神 双马童

死神 阎罗

财富之神 俱毗罗

酒神 苏摩

恒河女神 甘伽

梵天造物

　　世界是如何诞生的？印度神话里有一位大神，他的名字叫梵天。他创造万物，是世间一切的父亲。传说每进入一个宇宙纪元，世界就会经历一次毁灭，然后再被创造出来，终而复始，无限循环。关于梵天的创世神话有很多。

用身体创造世界

　　印度古老的诗歌集《梨俱吠陀》记载，世界原本是一个人。他有千头、千眼、千足，是现在、过去和未来的一切。天堂、人间、众神及妖魔也都是他身体的一部分。这个巨大的人叫作原人。

　　原人身体里的神灵想要向他献祭，但这场祭祀需要和原人一样巨大的祭品。上哪里找那么大的祭品呢？为了完成这场盛大的献祭仪式，原人献出自身。他的身体燃起熊熊火焰，那一刻，万物诞生了。

　　原人的四肢和器官变成地球的主宰，也就是各方神灵和人类。眼睛变成太阳，胸膛生出月亮，火神和雷神从嘴中生出，风神从鼻息呼出。他的头颅成了天空，肚脐成了天穹与土地间的空旷，脚底成了大地，耳朵生出四个方向。

用冥想创造世界

　　宇宙毁灭后，世界又会进入新一轮的循环。在混沌之中，梵天开始冥想，创造出了4股力量。

1. **善美的力量**：生出天神，并带来白昼。
2. **黑暗的力量**：生出恶魔，并带来黑夜。
3. **幽暗的力量**：生出人类，并带来黄昏。
4. **欲望的力量**：生出万物，并带来黎明。

　　大到整个宇宙，小到石头和水流，世界万物都不断经历着"创造—存在—毁灭—再创造"的循环。一切都会死而复始，周而复始。

1. 梵天有4个头，4个头环顾四周，指明方向。
2. 王冠象征最高地位。
3. 胡须象征智慧。
4. 明轮代表消灾、降魔和摧毁烦恼。
5. 《吠陀本集》象征知识。
6. 水罐里装着恒河水，水代表万物初始。
7. 接胸手印代表庇佑。
8. 令牌象征梵天的自我牺牲。
9. 念珠是梵天计算宇宙时间流逝的计时器。
10. 法螺代表赐福。
11. 权杖代表至上成就。

守护世界的毗湿奴

2009 年，电影《阿凡达》风靡全球。电影里那些皮肤呈蓝绿色的精灵名叫阿凡达。你知道阿凡达这个名字是怎么来的吗？它来自印度的梵语，意思是"化身、变身"。事实上，印度神话中的"化身"专指毗湿奴大神的化身。

守护之神

在印度神话中，宇宙会不断循环、更新，而毗湿奴是世界的守护神。每当世界面临灾难，他就会化身为一位英雄，到凡间救苦救难。

千头蛇王舍沙是毗湿奴的随从。

法轮代表无限的愿望。

海螺代表一切存在的源泉。

吉祥天女拉克希米是毗湿奴的妻子，她给人们带来财富和好运。

按照一些神话的说法，一朵莲花从毗湿奴的肚脐里生出，莲花中诞生了梵天。

金刚锤象征着力量。

毗湿奴的胸前常常挂着花环。

10. 迦尔吉斩除邪恶，重建世界。

9. 佛陀传授真理，解救世人。

8. 黑天除魔助人。

7. 罗摩战胜十首魔王罗波那，救回被劫持的妻子悉多。

6. 持斧罗摩带着正义之斧，斩杀邪恶之人。

拯救世界的十个化身

毗湿奴的每个化身都在灾难中拯救世界。其中最著名的化身是罗摩与黑天，他俩都是半人半神的大英雄，主持正义，带领人们战胜邪恶。罗摩和黑天的故事被记录下来，形成了印度两部伟大的史诗——《罗摩衍那》和《摩诃婆罗多》。

1. 灵鱼马特斯亚在大洪水中拉动载着人类的方舟。

用梵文记录的《摩诃婆罗多》

世界的守护神毗湿奴

充满智慧的哲学之神

传说中，有一位仙人名叫那罗陀，他永远充满好奇，不停地质疑万物的规律。有一天，他向毗湿奴祈愿："我要如何才能看透这个世界呢？毗湿奴神啊，请告诉我'摩耶'（幻象）的秘密。"

毗湿奴回答道："很简单，你跳入门口的莲花池中去吧。"于是，那罗陀起身，一头钻到了水里。万物轮转，一切都变了。那罗陀变成了一位年轻的公主，完全忘记了自己过去是谁。公主与邻国的王子结婚，生下了一群小王子，生活非常幸福。然而，好景不长，战争爆发，公主的夫君、儿子、父亲和兄弟全都阵亡了。

葬礼上，他们的遗体被放置在柴火堆上，大火熊熊燃烧。公主痛不欲生，哭喊着跳入火堆，火却一点也不烫，而像冷水一般将她淹没。那罗陀呛了一口水，抬起了头，宫殿、大火消失了，眼前只有那一池莲花。

毗湿奴的声音又出现在那罗陀的耳边："你的孩子是谁，你缅怀的亡者又在哪里？这一切只是我的'摩耶'，你又如何参悟'摩耶'的奥秘呢？"

这个故事里蕴含着古印度人常常思考的问题：世界是虚无的吗？我们所看到的、听到的、触碰到的一切，会不会只是一场梦？虚无与现实如同一枚硬币的两面，如果世界是虚无的，我们又如何证明现实不存在呢？

2. 神龟俱利摩帮助天神，与恶魔争夺吃了能长生不老的甘露。

3. 野猪筏罗诃顶起整个大地，将其从洪水浩劫中拯救出来。

4. 人狮那罗辛哈将魔王撕成碎片。

那罗陀往返于天地之间，是神与人之间的使者。他也是一位音乐家，随身携带着印度的拨奏弦鸣乐器——维纳琴。

5. 侏儒筏摩那智斗恶魔，帮助天神赢回对世界的统治权。

💡 知识加油站

中国古代有个故事叫"南柯一梦"。一个人喝醉了，梦到自己做了太守，享尽荣华富贵。不料敌国入侵，他领兵抗敌失败，最后被遣回老家。他感到着愤难当，大叫一声，惊醒过来，这才发现原来一切只是一场梦。

1. 湿婆的发型很特别，头顶的头发盘起，旁边挂着一弯新月。
2. 湿婆的脖子上经常盘着一条眼镜蛇。
3. 额头上的三道横线是湿婆的印符。眉心处的第三只眼可以喷出能毁灭一切的神火。
4. 作为百兽之神，湿婆穿着兽皮做的衣服。
5. 湿婆是破坏之神，手中的三叉戟象征闪电，可以驱策风暴。
6. 湿婆也有创造能力，手鼓象征生命。
7. 湿婆呈瑜伽坐姿，他是苦行者的守护神。

毁灭之神湿婆

在一些神话里，世界毁灭往往意味着天崩地裂、洪水泛滥、日月无光，人类文明和自然世界一同陷入灾难。在印度神话中，带来这些灾难的恶魔只不过是破坏者，还远远算不上是毁灭者。因为暴力的破坏、生命的终结都不是毁灭，大自然能慢慢恢复，就像唐代大诗人白居易所写的："离离原上草，一岁一枯荣。野火烧不尽，春风吹又生。"只有一位神可以将世界毁灭，那就是湿婆。

闭上眼，一切就没了

在印度神话中，湿婆大神毁灭的是"存在"。他杀死了欲望神，从此世界失去了运行的动力；他杀死了死神阎罗，世间没有了轮回，人们的思想和情感也都消失了。湿婆消灭精神，让世界陷入虚无，于是世界走向了消亡。

湿婆如何毁灭一切呢？答案可能出乎你的意料——闭眼。我们睁眼看到世界，闭眼只感到一片黑暗。如果你是掌管万物的神，而世界只是你脑中的一个梦呢？那么你一旦闭上眼，梦境结束，世界就灰飞烟灭了。

湿婆的坐骑是一头白色公牛——南迪。印度教徒视牛为神兽。

一些人相信，湿婆的注视赋予了世界意义。当湿婆注视着我们时，我们的世界就存在着。当湿婆闭眼时，他不再看众生，世界就与湿婆融为一体，活力、能量和意义全部消失，一切都进入停滞、空无状态。不过不用担心，接下来湿婆会让世界重生。

死神阎罗转动着生命之轮。

湿婆爱跳舞

湿婆看上去很可怕，但是湿婆既能毁灭，也能创造。他毁灭一个世界，也会创造一个世界。这个奥秘就藏在湿婆的舞蹈里。湿婆是舞蹈之神，在跳舞时转动创造和毁灭之轮。他的宇宙之舞推动着宇宙不断运动变化，让它走向毁灭，又让它孕育新生。

1 披散的长发如流淌的河水。
2 大圆环代表循环变化的宇宙。
3 圆环上的火焰熊熊燃烧，湿婆左手上的火焰足以毁灭宇宙。
4 湿婆用手中的鼓召唤宇宙诞生，也敲出舞蹈的节奏。

知识加油站

在自然界，毁灭并不见得是件坏事。死去的动物和植物会融入土壤，成为养分，哺育生命。这就是食物链的循环，是大自然生生不息的奥秘，所以我们的世界不仅有消亡，也有新生。在印度神话里，湿婆就承担着让世界循环的重任。

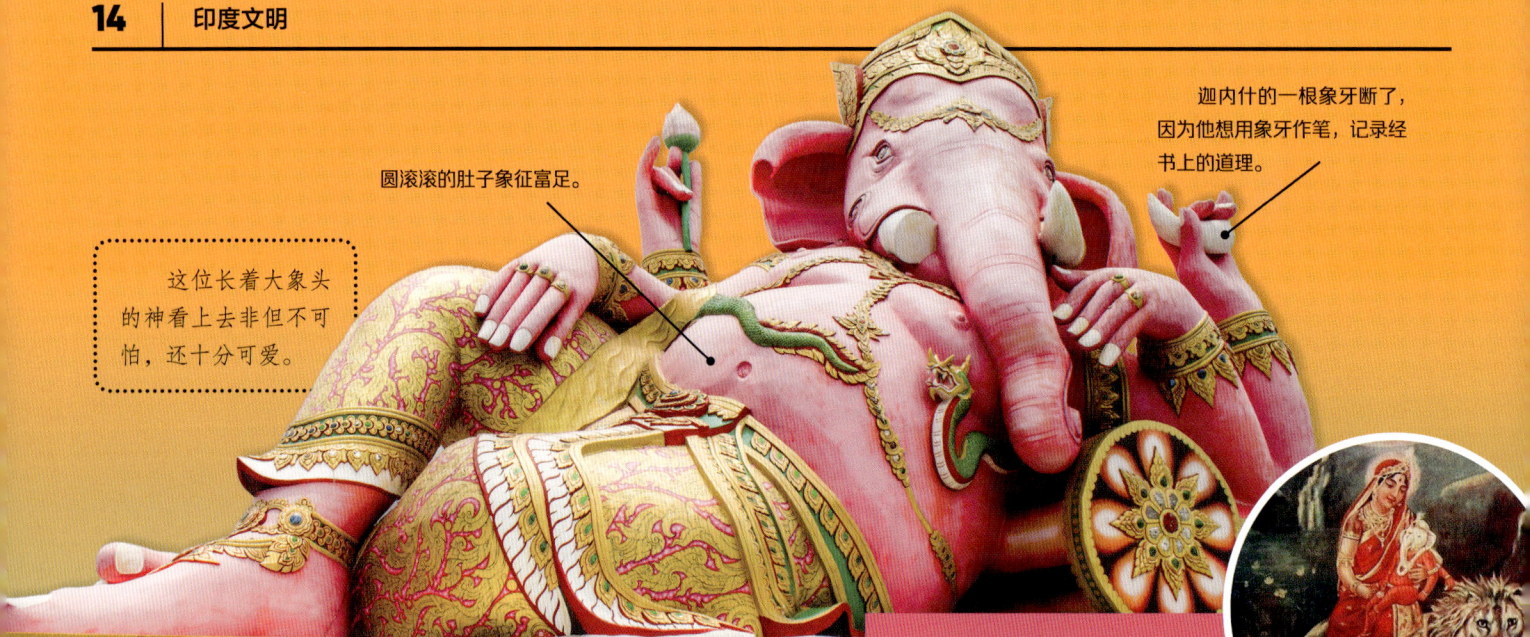

圆滚滚的肚子象征富足。

迦内什的一根象牙断了，因为他想用象牙作笔，记录经书上的道理。

这位长着大象头的神看上去非但不可怕，还十分可爱。

象头神一家

很多文化都有自己的图腾象征，中华文化的图腾是龙，而印度文化的图腾是大象。印度神话里有一位非常可爱的象头神——迦内什，他代表着好运和智慧。商人在开业剪彩时会拜他，以祈求财富；学生在考试之前也会拜他，希望能顺利通过。

象头神的全家福

象头神的父亲是湿婆，母亲是雪山女神帕尔瓦蒂。他还有个兄弟——室建陀。室建陀是印度神话里的战神，统领天兵天将。

雪山女神

象头神的母亲是雪山女神，她掌管爱情和婚姻，十分温柔，但她有一个非常可怕的化身。为了消灭祸害人间的恶魔，她曾经变身为暴力、残忍的迦梨女神。迦梨女神和雪山女神相反，她拥有极强的破坏力。人们常常将迦梨女神描绘成令人恐惧的样子：黑色的皮肤、尖尖的牙齿、乱蓬蓬的头发，显得野蛮而疯癫。

温柔的雪山女神

兄弟赛跑

湿婆让迦内什和室建陀赛跑，谁先绕着世界跑完3圈，就可以获得金杧果。起跑令刚下，室建陀驾着孔雀，"嗖"地飞完了第1圈。迦内什挺着肚子，挠挠耳朵，然后不疾不徐地绕着湿婆跑了3圈。室建陀绕着世界飞完3圈，气喘吁吁地准备领赏。迦内什却宣称自己赢了，他胸有成竹地对室建陀说："我的世界就是父亲，我已经绕着他转完3圈了。"

你还记得毗湿奴的莲花池吗？古印度人认为，他们所处的世界是不断变化的，让人难以捉摸，只有神灵的思想才是真正的世界。

迦内什的坐骑是一只老鼠。

湿婆的坐骑是公牛南迪。

室建陀的坐骑是一只孔雀。

恒河女神

古文明都起源于大河流域。古埃及文明的母亲河是尼罗河，古巴比伦文明的母亲河是幼发拉底河和底格里斯河，中华文明发源于长江和黄河流域，而孕育古印度文明的是印度河与恒河。恒河被印度人奉为女神，也是印度神话里的重要角色。

💡 **知识加油站**

印度半岛上的很多河都发源于喜马拉雅山脉。印度河、恒河、布拉马普特拉河都源于喜马拉雅的雪山。

恒河女神下凡

很久很久以前，恒河女神是个爱干净的女神，住在喜马拉雅山上，过着无人打扰的宁静生活。那时，印度北部的广阔土地十分贫瘠，人世间充满了争斗和恶行。祭司希望用恒河之水荡涤凡间的罪恶，哺育普罗众生。可是，恒河女神不愿意被凡间污染，拒绝下凡。

祭司向梵天、湿婆祷告，历经艰苦修行，终于感动了两位主神。主神下令，恒河女神不得不从。可是她心中充满了怨气，便发起小脾气，铆足了劲，把水一股脑儿砸向人间。这股强大的水流要是撞到了地面，别说罪恶、污秽了，整个印度都会被击碎。

千钧一发之际，湿婆伸出了头，接住了恒河水。因为湿婆的头发多而浓密，水很难一下子流出去。等到恒河女神历经千辛万苦，从湿婆的头发中逃出来时，她已经筋疲力尽，只剩下涓涓细流了。于是，恒河水化作温润无声的细流，来到了人间。

湿婆的头发里有一股水流。她就是恒河女神。

湿婆的妻子雪山女神是印度教主要的女神之一。

恒河女神的形象通常是一位有4条手臂的美丽女子。她的坐骑是海兽摩伽罗。

瑜伽：安静的运动

　　瑜伽和马拉松、徒步一样，是现代人经常参加的运动。经常做瑜伽，可以强身健体，是一种健康的生活方式。做瑜伽的时候，人们调整身体姿势和呼吸，通过做一些特定动作来活动肢体、调节身心。事实上，瑜伽的起源非常早，它诞生于 5 000 多年前，最初是一种修行方式。

什么是瑜伽？

　　"瑜伽"（Yoga）这个词来自印度的梵语，原意为"轭"或"枷"，表示架在牛、马脖子上，将牛、马与车连接在一起的车轭，有"联结""合一"的含义，后来又逐渐演变出"天人合一"的解脱意味。印度人认为，解脱意味着摆脱烦恼与束缚，达到自由自在的状态，获得解脱是人生的终极追求。学知识、做善事、敬拜神等都是古印度人进行瑜伽修行的方式。

从修行到健康

5 000多年前，古印度的一些修行者发现，动物患病后不经治疗也可以痊愈。于是他们观察、模仿动物的各种姿态，并将其运用在人的身体上。这就瑜伽体式的起源。

传统瑜伽中的一些修行方式非常艰苦，修行的人甚至会把自己饿成"皮包骨"。经过多年的演变，如今的瑜伽主要指代一种体育锻炼方式。人们通过调息、冥想及针对身体部位的训练，来调节身心，保持健康。

印度苦行僧正在冥想，以完成瑜伽修行。

智瑜伽：学知识

智瑜伽就是追求知识与智慧。一些古印度人相信智慧可以让人解脱，他们希望通过深邃的思考来认识世界，参悟宇宙，求得对精神世界的真切认识。因此，古代印度诞生了很多哲学家，他们通过学习和思考，获取知识与智慧，寻找自己的解脱之路。

业瑜伽：做善事

业瑜伽就是做好事，积累业报。业报好似老师奖励给我们的小红花。一个人每做一件善事，他就能得到一朵"红花"；但如果他做了坏事，就会被画上一个黑黑的"叉"。印度人相信，善有善报，恶有恶报，当一个人生命终结之时，他的人生账本会被拿出来清算，看上面画了多少"红花"、多少"叉"。只有多做善事，死后才能转世到更美好的世界。从古至今，做善事无论在哪种文化里都是一种美德。

甘地（1869—1948）是印度民族解放运动的领导人，被尊称为"圣雄""印度国父"。他遵行印度教中"仁爱、素食、不杀生"的主张，倡导"非暴力抵抗"，一生致力于印度的民族解放运动。他是印度业瑜伽修行者的典范。

特里莎修女（1910—1997）是世界闻名的慈善工作者。她一生致力于救济贫困者，在印度加尔各答为穷人提供帮助多年。1979年，她获得了诺贝尔和平奖。

信瑜伽：敬拜神

信瑜伽倡导"以仁爱之心爱人，以虔诚之心敬神"。人们认为，无论是知识，还是行为，都应该受到信仰之心的指导，否则，知识会变得粗浅无用，行为也将显得低劣和愚昧。但是关于如何去爱神，信仰能否指导知识和行为，智者讨论了几千年，也没有得出一个标准答案。

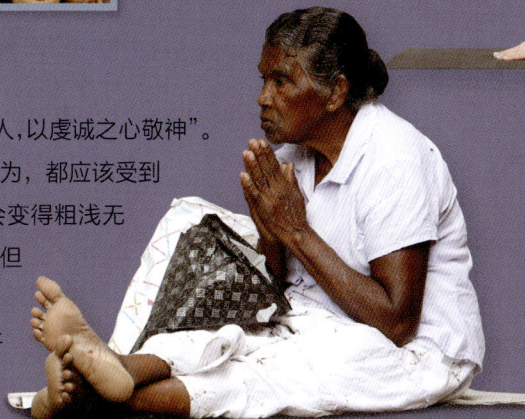

如今，瑜伽已成为一项健身运动。

知识加油站

古印度人会去山洞和树林里打坐。为什么呢？因为印度的夏天非常炎热，动辄达到40℃的高温。山洞和树林是绝佳的避暑之地，在那里他们可以安心思考。久而久之，打坐和冥想就成了一种文化习俗。

佛陀：智慧的老师

悉达多是释迦族王子，在迦毗罗卫国过着锦衣玉食、无忧无虑的生活。29岁时，他骑着一匹白马，离家而去。这是因为他陷入了巨大的人生困惑：我为什么活着？为什么会死？一切的意义是什么？终点又是什么？2 000多年后的今天，人们依然在思考这些问题。

悉达多王子骑着一匹白马，离开了皇宫。

菩提树下悟真知

悉达多王子花了很多时间思考这些问题。他请教婆罗门，也就是古印度的僧侣贵族。婆罗门告诉他要做祭祀，要捐款。他请教耆那教徒。耆那教徒告诉他要苦修，一天只吃一粒米，喝一滴水。他请教普通百姓。百姓说别想这些乱七八糟的事，好好活着就行了。

这些答案无法解答悉达多的困惑。他四处行走求索，不断反思自省。途中，他历经重重艰苦，战胜各种诱惑。6年后，他在一棵菩提树下领悟到了答案。这些思想后来发展成了原始佛教。悉达多王子被后人尊称为释迦牟尼，意为"释迦族的圣人"。人们也将他称作佛陀，即"已经觉悟了的人"。

佛陀其实是一个凡人，原始佛教并不提倡拜神和迷信，而是传授理解世界的学问。

高贵和低贱

在悉达多生活的时代，印度最主流的宗教是婆罗门教。婆罗门教规定，只有婆罗门祭司才可以讲解知识，主持祭祀。在婆罗门教的影响下，印度发展出了种姓制度，来管理整个社会。人们从一出生就被划分成 4 个种姓，也就是 4 个等级，每个人按种姓从事相应的工作。

有智慧的老师

释迦牟尼反对婆罗门的至高地位。他认为，人们不需要通过参加婆罗门主持的祭祀仪式去获得解脱，也不需要寻求天神的庇佑。他告诉世人，光明的路途就在每个人的心里。为了反对婆罗门教，当时的自由思想家们提出了许多学说，佛教是其中最具影响力的一支。这些学说派别被统称为"沙门思潮"。

敬佛的阿育王

阿育王是古印度一位很有名的国王，是孔雀王朝的君主。这位勇猛的武士，像秦始皇一样平定了各方，建立起了统一的国家。当时的领土囊括除印度半岛南端以外的印度全境。

阿育王曾远征东方的羯陵伽国，在大获全胜后，下令屠杀十几万俘虏。但是，当看到血流成河、惨不忍睹的场景时，他深感不安，心生慈悲。于是，阿育王听从僧人的教导，决定放下屠刀，皈依佛教，从此修建寺庙，热心推广佛教。

阿育王石柱和佛塔是阿育王为纪念佛陀、弘扬佛法而建的。

佛教走出印度

释迦牟尼一直在印度北部和中部行走、传教。然而，在释迦牟尼去世后，佛教才真正被发扬光大。原始佛教发生了很多变化，并逐渐从印度传播到世界其他国家和地区，还发展出三大支脉。

一支随着骑骆驼的商队，沿丝绸之路，来到当时的中国，并传向日本、韩国，成为今天的汉传佛教。

一支跟着船队扬帆远航，南下印度洋，去向东南亚，发展成今天的南传佛教。

还有一支在公元 7 世纪，传入当时的吐蕃（今中国西藏），发展为今天的藏传佛教，俗称喇嘛教。

知识加油站

佛教在中国、日本、东南亚等地传播开来，在印度却日渐式微。虽然印度是佛教的诞生地，但今天，印度佛教徒占总人口的比例还不到 1%。

擅长算术的古印度人

我们日常使用的数字书写简单，而且几乎全世界的人都能看懂。它被称为阿拉伯数字。实际上，它诞生于古印度。古印度人有高超的算术水平，并在数学的基础上进一步研究天文学和历法。

棋盘上的数学问题

相传，国际象棋被发明出来后，便深受一位国王的喜欢，国王因此想奖赏这个发明者，于是召他入宫，问他想要什么奖励。发明人却回答道："我只要一些米就够了。象棋盘一共有 64 格，在第一格上放 1 粒米，第二格放 2 粒，第三格放 4 粒，第四格 8 粒，以此类推，一直到 64 格。给我那么多米就够了。"

国王心想这个要求并不过分，爽快地答应了，随即派掌管粮库的大臣带年轻人去取米。没想到，问题出现了。粮库长官写出算式：$1+2+2×2+2×2×2+\cdots+2^{63}$。计算后发现，年轻人的奖励将达几千亿吨米，把全世界的米拿过来也远远不够！

古印度人很早就懂得乘方的知识，乘方就是同一个数相乘多次。

国际象棋棋盘呈方形，共有黑白相间的 64 个小方格。相传它起源于古印度的棋类游戏"恰图兰卡"。

十进制，十个数字

不同的文明在算术运算时采取过不同的进制，如古巴比伦人使用的是六十进制。在吠陀时代，古印度人为了计算历法和规划建筑，发明了计数的符号，并在后来吸收了中国的十进制计数法，用于计算。

当然，古印度文字中 0 ~ 9 的写法，与今天的阿拉伯数字大相径庭。这是因为古印度的计数方法经由商人传播到了阿拉伯帝国，阿拉伯人对这些数字进行改良，并将它们带到了欧洲。后来这些数字慢慢变成现在的样子，并被人们称为阿拉伯数字。

1	2	3	4	5	6	7	8	9
—	=	☰	十	Ⴄ	φ	?	⌒	?

公元初年，古印度出现了婆罗米数字。

谁发现了"年"？

阿耶波多第一（476—550）是古印度伟大的数学家和天文学家。他认为地球围绕太阳转动，并测算出地球绕太阳转一圈需要 365 天 6 小时 12 分 30 秒，比现代测量值仅多 3 分 20 秒 。真是了不起！为了纪念他的伟大成就，印度的第一颗人造卫星被命名为阿耶波多。

四个时代

古印度人具备超强的宏大思维能力，他们已经能熟练地运用天文数字了。天文数字是指亿以上的极大数字。根据古印度经书的描述，每一个世界的轮回可以分为 4 个时代，每一个时代都很长。

1. 圆满时代：这是秩序井然的完美时代。婆罗门、国王、民众等各阶层的人恪守自己的职责，万物按照既定的规则运行。

2. 三分时代：这是一个不太完美的时代。神、人、魔的尊卑秩序开始崩坏，无耻与无知逐渐出现，但世界的秩序还在勉强维持。

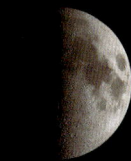

3. 二分时代：这是正邪对立抗衡、善恶势均力敌的时代。理想中的美好世界已经远去，黑暗逐渐降临。

4. 争斗时代：这是群魔乱舞的黑暗时代。人们不再信神，也不再崇尚美德，邪念与污秽统治了世界。

天上一日，地上多少年？

如果按照古印度人的说法，今天的我们就处于争斗时代。《摩诃婆罗多》里写道，毗湿奴的化身之一黑天的去世标志着争斗时代的开始。那一天就是公元前 3102 年 2 月 18 日，而争斗时代有 432 000 年！二分时代的时长是争斗时代的 2 倍，三分时代是 3 倍，圆满时代则是 4 倍。4 个时代合在一起，凑成 1 个大时代（摩诃宇迦）。1 个大时代的时长和 10 个争斗时代的时长一样，也就是 4 320 000 年！

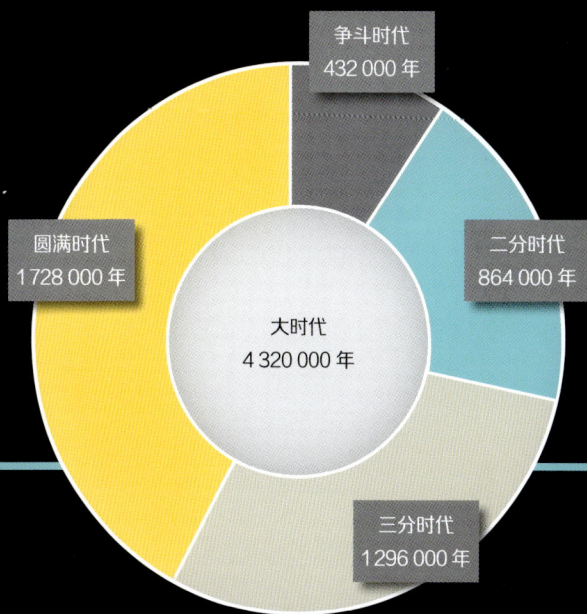

争斗时代
432 000 年

二分时代
864 000 年

圆满时代
1 728 000 年

大时代
4 320 000 年

三分时代
1 296 000 年

梵天的一天

1 000 个大时代合在一起，才凑成天神梵天的一日。我们曾说："天上一日，人间千年。"古印度人更夸张，梵天一日，地上已 4 320 000 000 年，实在太长啦！古印度经书里说他可以活 100 个梵天年。那么，问题来了，一年按 365 天计算，天神梵天的一生相当于我们地上多少天呢？

天文学中的黄道 12 宫伴随着亚历山大东征，从古希腊传入古印度。

知识加油站

梵天的一日被称为一个劫波。中国有诗云："度尽劫波兄弟在，相逢一笑泯恩仇。"一个劫波那么久，无论多大的仇，经过了一个劫波也该解开了。

古老的整容手术

我们生病了怎么办？不怕，我们可以去医院看医生，可以吃药打针。在古代中国，人们请郎中把脉看病，抓草药，用针灸治疗。古印度人如果生病了，也会去请医生诊治，根据病情需要，医生还会为患者做手术。

外科手术之父

印度的古典医学极为发达。公元前 6 世纪，印度有位名叫妙闻（又称苏希鲁陀）的医生，他被称作"印度外科手术之父"。妙闻写过一本医书，书中记载了 1 000 多种疾病及百余种草药。更令人佩服的是，他还为患者做过皮肤移植手术。要知道即使在今天，做整容外科手术都不简单，在 2 500 年前完成整容手术，简直令人惊叹。

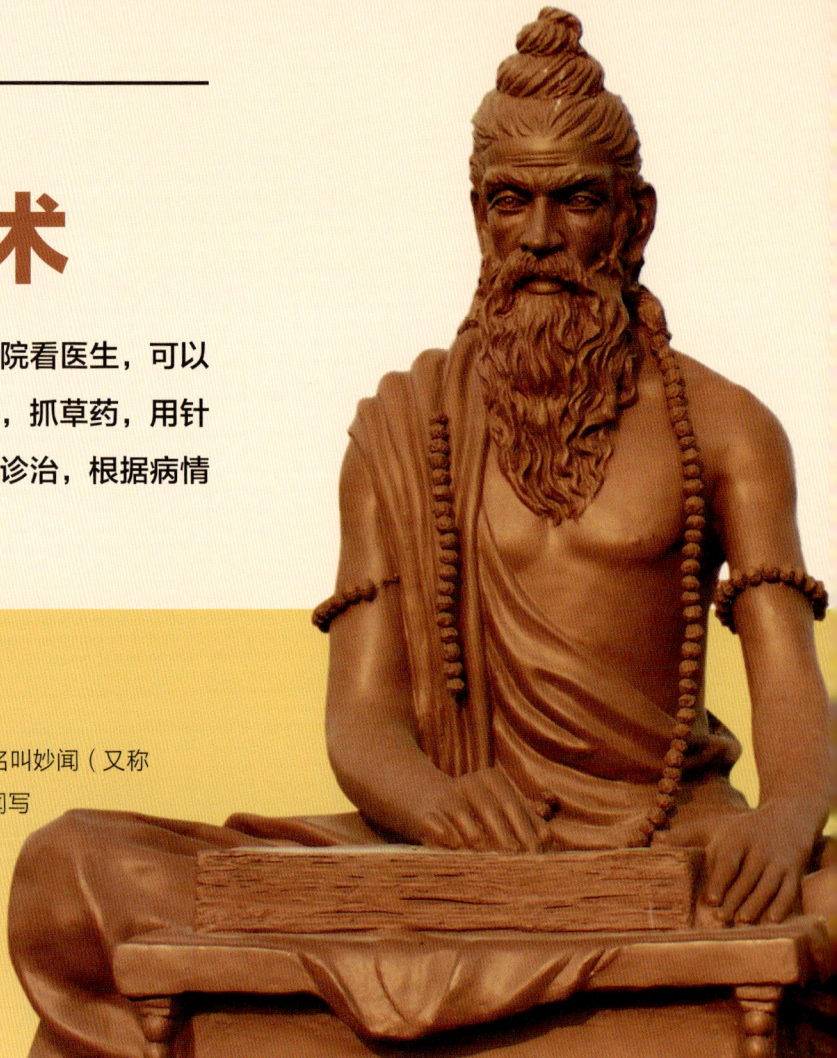

鼻成形术

据说一位患者的鼻子被割掉了，他找到了神医妙闻。妙闻先做了一个模子，将模子放在鼻部，然后在患者的额部划一个三角形，切一块皮瓣（一部分与面部皮肤相连），再把它翻转下来搭在模子上。接着妙闻用针线将这块皮瓣缝在伤口上。最后，他在伤口处垫上涂有草药的棉布，并按时进行更换。

妙闻为患者做手术的还原场景

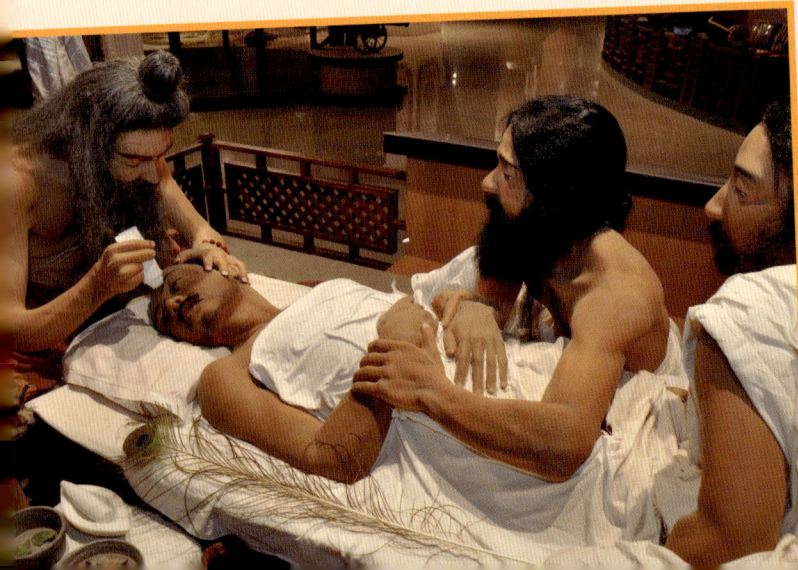

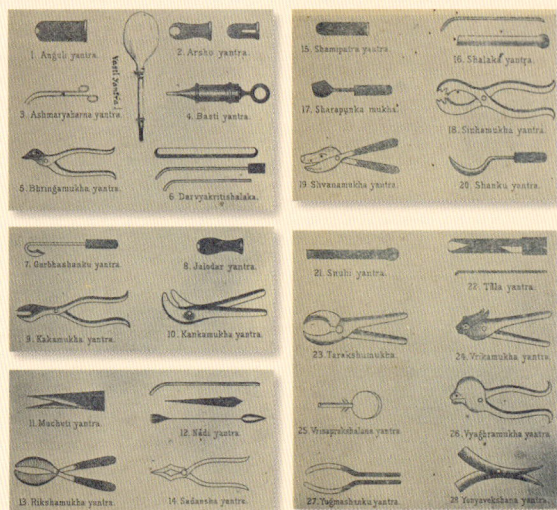

妙闻的医书《妙闻本集》里记载了他进行各种外科手术时所使用的工具。

一段时间后，鼻子上的肉就与那块移植的皮肤长在一起，额部也会长出新的皮肤。今天，部分皮肤移植手术仍会采取类似方法。有趣的是，为了麻醉患者，减轻他们在手术中的痛苦，古印度医生会在做外科手术前让患者喝高浓度的酒。

草药治病

除了外科手术，古印度医学中也有类似于中医的传统医药。医书里记载了各种草药，它们被医生制成药剂甚至灵丹。不过，与中医不同的是，印度医生更喜欢将草药做成外敷的药膏，而不是熬成药汤让患者内服。

精油理疗

在印度，还有一种使用精油来按摩身体的特殊疗法。人们从植物的花、果实、种子等天然物中提炼特殊的物质，制成精油。印度人认为，植物具有生命力，萃取植物的精华可以保留这种生命力，通过按摩等方式，这种生命力就能输送给人体。

医神双马童

印度神话里的医药之神是一对双胞胎兄弟。他们的父亲是太阳神苏利耶，两位小神有时会化为马头人身的模样。

哥俩心地善良，时常变成药师，在人间游历行医。一日，他们遇到了老仙人恰瓦那。恰瓦那面貌丑陋，身形枯瘦，顽童扔泥石戏弄他。双马童心生怜悯，制出草药为他涂抹，又带他至灵池沐浴，帮助他恢复了青春。

💡 知识加油站

阿育吠陀是印度的传统医学，含内科、外科、儿科、生育学、精神病学、眼耳鼻喉科学、毒理学、延缓身体衰老的老年学 8 个分支。

医学百科全书

遮罗迦是古印度贵霜帝国时期的名医。他写了一本《遮罗迦本集》。书中主要论述了 8 种疾病，提出了人的营养、睡眠、饮食等问题，还研究了 500 多种药物。人们称这本书为"古印度医学百科全书"。

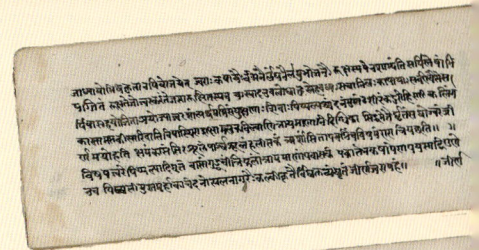

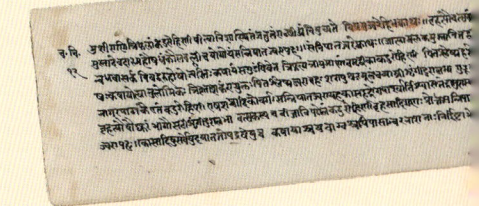

《遮罗迦本集》

流传的经典

阿育吠陀起源于公元前 3000 年左右，是印度传统医学的主要组成部分。在梵文中，阿育意为生命，吠陀意为知识，阿育吠陀就是"生命的知识"。《妙闻本集》和《遮罗迦本集》都是阿育吠陀的经典著作。

阿育吠陀不仅是一门医学，而且代表着一种生活理念和生活方式。在阿育吠陀的治疗观念中，人体被视为自然的一部分，当身体与自然不相调和、失去平衡时，身体的机能就可能失调。因此，医生在进行诊疗时，也会通过引导患者运动、冥想、改变饮食等方式帮助患者恢复健康。直到今天，阿育吠陀中的一些理疗观念依然被人们认同。

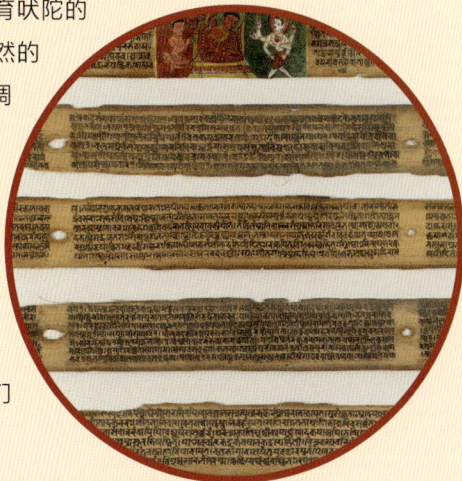

印度料理的秘密

一听到印度菜，我们的第一反应就是咖喱！不过，你知道吗？味道香浓的咖喱并不单指一种香料，而是指由许多种香料配制而成的复合调味品。如果你去印度香料店说要买咖喱，店主可能不知道你究竟要买什么，因为可以被用来制作咖喱的香料实在太多了。

咖喱的材料

咖喱里有姜黄、胡椒、茴香、辣椒、肉桂等各种调味品。印度各地的咖喱各不相同，人们选用不同的原料，经过洗、晒、蒸、磨等一系列工序后，做出各种口味的咖喱。这些气味独特且浓郁的咖喱是印度料理的灵魂。

"咖喱"一词源自印度南方的泰米尔语。印度民族众多，语言复杂，光是印在印度纸币上的语言就多达17种。在更常用的印地语中，咖喱又被叫作"马萨拉"。

占领全世界的餐桌

香料是创造美食的魔术师。现代人炒青菜的时候会先把蒜末煸香，会在煮好的面条上撒葱花，制作麻辣火锅的时候会加入辣椒和花椒，还会在煎好的牛排上加一些黑胡椒末儿。其实，早在2000多年前，人类就已经开始利用各种自然香料来丰富食物的味道了。

泰国青咖喱鸡

现在，咖喱已经成为一种风靡世界的调味品，泰国的咖喱蟹、日本的咖喱饭、英国的咖喱鸡都是世界各地餐桌上的美食。

印度的用餐礼仪

印度人吃饭几乎不用餐具，因为在印度教徒心中，入口之物要保持洁净，只有自己的手可以直接接触。要特别注意的是，在印度，人们只用右手吃饭，而不能使用左手，因为左右手分工不同，他们认为左手是专门用来处理不洁之物的。现在，虽然在一些特定场合，印度人已经开始使用刀叉吃饭，但在日常生活中，他们仍习惯用手抓饭吃。

香料是门大生意

在著名的陆上丝绸之路和海上丝绸之路上，香料是商人贩运的主要货物之一。在中亚草原和印度洋上的一些国家，盐和胡椒甚至一度被当成钱来使用。

古印度在和其他国家做生意时，有两类商品很受欢迎：一类是精美的织布，另一类则是丰富的香料。早在大航海时代开始前，印度半岛西南部的马拉巴尔海岸就是印度最富庶的区域之一。此地是胡椒的产地，且靠近阿拉伯海，航海运输非常方便。

葡萄牙人最早在印度进行殖民，希望垄断从亚洲到欧洲的香料贸易。17世纪，荷兰与英国的东印度公司都将香料贸易作为最主要的生意。可以说，香料不仅创造了美味，也是古印度的财富来源。

这个德国香料罐被制作成船的形状。在过去，很多香料都是通过船被运到世界各地的。

卡利卡特是印度南部的一个城市，中国明代的郑和、葡萄牙的达·伽马这两位东西方航海家都曾在此登陆。如今，卡利卡特还保留着古代码头的遗迹。

印度的日常食物

典型的印度套餐包含烤饼、米饭，以及几种用咖喱烹调的菜糊糊。印度人吃烤饼时，会先将饼撕成小块，再蘸取或包入菜糊糊后食用。人们还会准备一小碗专门用来洗手的柠檬水。

咖喱角

咖喱角是印度的特色小吃。人们用薄面皮卷上馅料，捏成三角形，再下锅油炸。馅料通常是土豆泥或豌豆泥，还会加入洋葱末儿和咖喱香料。

薄 饼

印度人的主食是薄饼和米饭，人们几乎每餐都是先吃饼，再吃米饭。薄饼的做法分煎和烤两种，这种美食传入中国后，厨师在制作的时候会把饼甩飞起来翻面，所以它常被中国人叫作印度飞饼。

手抓饭

印度的米形状细长，非常适合制作炒饭或米饭沙拉。印度人喜欢将饭做得干硬，并且放入大量香料，如肉桂、番红花、薄荷等。

咖喱菜

在印度，我们是吃不到"咖喱牛肉"这道菜的。因为在印度教徒心中，母牛是赐予人类生命的圣物，吃牛肉是绝对禁止的。事实上，印度教主张不要暴力、不杀生，所以大部分印度人吃素食。

种姓制度

你还记得原人创世的神话吗？在印度神话中，原人的身体变出了4种人。原人的口变成了婆罗门，手变成了刹帝利，腿变成了吠舍，足变成了首陀罗。这4种人就是4个种姓，代表印度社会的4种等级。种姓内部又被划分出更多等级，形成了复杂的社会关系网。

1 第一等级是婆罗门，主要为祭司。他们拥有特权，负责文化教育，只有他们能诵经传经、祭拜神灵。

2 第二等级是刹帝利，包括国王、官员、将领和战士等。他们掌握政治和军事力量，属于统治阶级。

3 第三等级是吠舍，即普通人。他们在政治上没有特权，可以种田、经商，必须通过纳税、捐献，供养前两个等级。

4 第四等级是首陀罗。他们一般是工匠、仆役，绝大多数是被征服的原住民，人口最多。

还有一种被排除在种姓之外的人。他们被称为贱民，从事最低贱的职业，社会地位最低，最受歧视，被视为"不可接触者"。

富贵是天生的吗?

3 000 多年前,一群雅利安人来到了印度河流域,并征服了当地的原住民。后来,雅利安人的原始宗教融入当地的文化,发展成了婆罗门教,种姓制度逐渐形成。人从一出生就被划分到不同的等级,有人负责祭祀,有人负责打仗,有人负责劳作……

如果一个人属于某个种姓,那么他的儿女也将属于这个种姓,继承他的职业,不能改变。不同种姓的人之间不能通婚。

虽然印度民众也早早开始思考:"那些王侯将相真的天生就是富贵命吗?"但很长时间里,印度社会的变革都没能摧毁种姓制度。种姓制度就像天罗地网,围困了普通人的一生,无数人想要打破种姓的桎梏,却一次又一次地失败。

直到今天,种姓制度依然深刻影响着印度社会。一方面,在教育、财政及就业方面,印度政府对低种姓群体有着一定的政策倾斜;另一方面,低种姓出身的人在印度社会也面临着各种歧视和不公正的待遇。

军人挑战祭司

在原始的种姓制度里,婆罗门至高无上,掌管宗教和经书。到了公元前五六世纪,古印度出现了许多小王国。这些小王国的统治者都是手握兵马、靠武力打江山的战士,也就是刹帝利。他们首先挑战婆罗门。释迦牟尼及同时代的思想家们掀起的"沙门思潮"也是一次反抗婆罗门的运动。

经过数百年的斗争,婆罗门终于让步,同意与刹帝利分享权力。世俗世界移交给刹帝利管理。婆罗门则退居幕后,如做老师,教育帝王;做祭司,负责祈福;做谋士,提供参谋等。

农民和商人

又过了几百年,经商、种田的吠舍也逐渐兴起。虽然无法接触神职,也没有统治权力,但他们逐渐积累了一些财富,在社会中的话语权变大。人们认为不再需要去寺庙拜神,更不必念经祭祀,只要神明心中留,在家就可以与神沟通。

知识加油站

在现代社会,种姓制度并不是按照四种姓划分那么简单,而是衍生出了无数的亚种姓。1913 年诺贝尔文学奖获得者泰戈尔和印度共和国开国总理尼赫鲁属于婆罗门种姓,"圣雄"甘地属于吠舍种姓,而 2014 年上任的总理莫迪出身于低种姓家庭,2017 年当选的总统科温德则出身于"不可接触者"。

民间文化的发展

佛教、耆那教等宗教文化的兴起和发展对婆罗门教产生了冲击,婆罗门使用的古老梵语渐渐成为非主流语言,民间的俗语逐渐成为主流的语言。婆罗门也失去了对社会精神文化的控制,种姓制度逐渐松动。但婆罗门创造的神及留下的种姓思想依然深刻影响着印度人。

眉心一点红

在印度电影里，我们会看到印度人的独特妆容，比如男女老少都会在眉间涂抹各式各样的标记。这些标记可不仅仅是化妆那么简单，其中蕴含着特殊的意义。

"查克拉"一词来源于古印度，原意是"轮子"。印度教认为，人体的各个部位都储藏着能量，这些蕴藏能量的能量带就叫作查克拉。

眉心的纹饰

画在眉间的纹饰有两种：一种叫印符，是宗教的符号；另一种叫吉祥痣，是吉祥的象征装饰。古印度人认为，眉心是体内"查克拉"（脉轮）的聚集之地，是人体各部位的能量中枢，在眉心画上印符可以获得神的庇佑。根据教派的不同，印符的样式也千差万别，其中流传最广的是湿婆教派印符和毗湿奴教派印符。

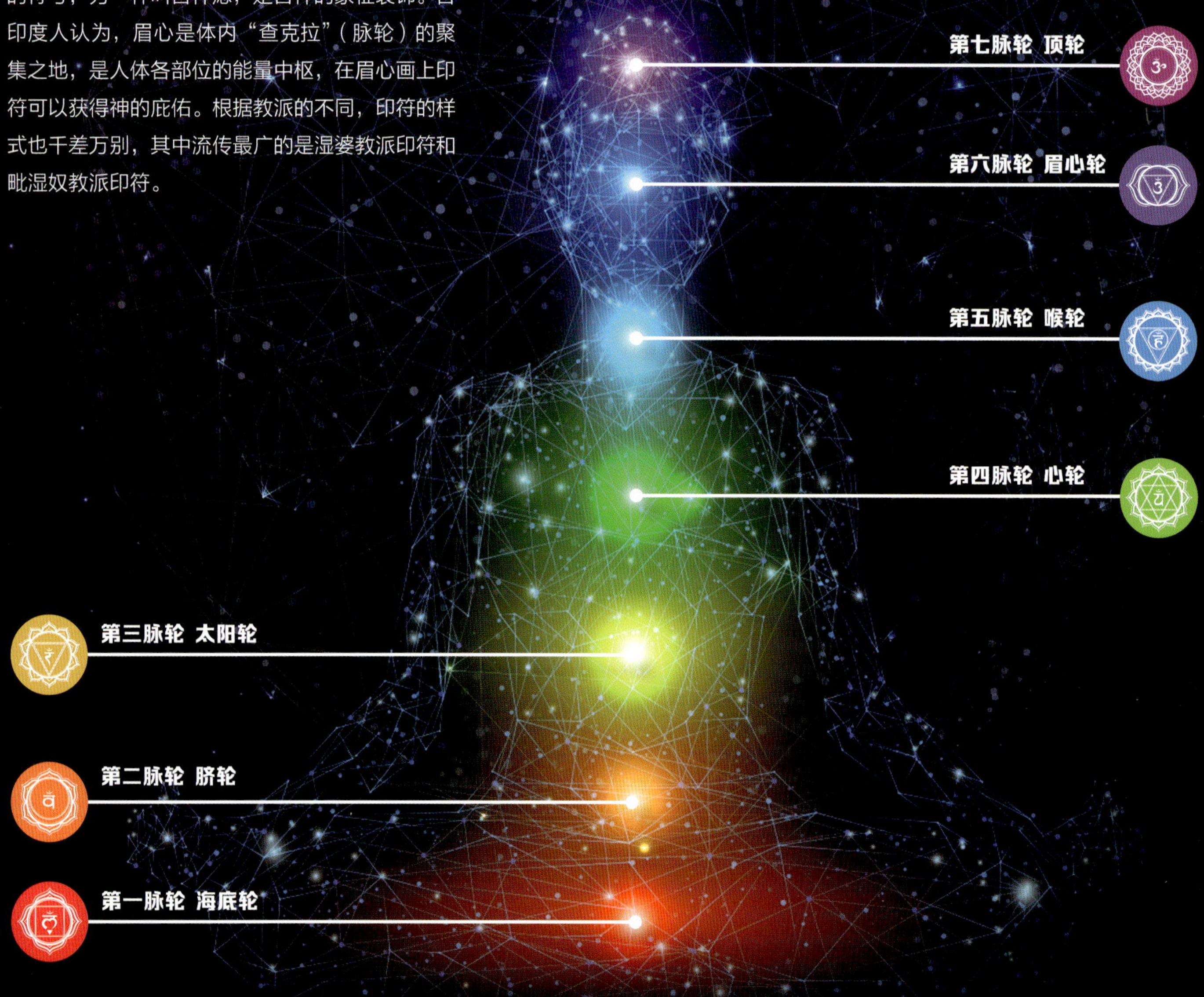

第七脉轮 顶轮

第六脉轮 眉心轮

第五脉轮 喉轮

第四脉轮 心轮

第三脉轮 太阳轮

第二脉轮 脐轮

第一脉轮 海底轮

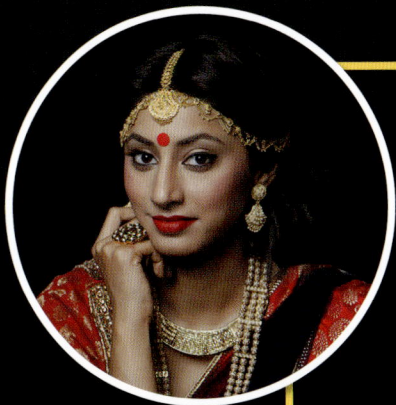

时髦的点妆

眉心的这一点红也被称作吉祥痣，寓意喜庆吉祥。传统的点红方法是将辰砂、糯米和玫瑰花瓣等捣成糊状颜料，然后点在眉心。作为传统习俗，点吉祥痣如今已经成为一种时尚。吉祥痣的颜色不仅有红色，还有黄色、紫色、绿色、黑色等，人们会根据服装和首饰的颜色进行选择、搭配。随着时代的进步，用辰砂点吉祥痣的传统方法逐渐被淘汰，市场上有盒装的吉祥痣贴片售卖，需要时取出一片，直接贴在前额上即可，非常方便。

湿婆的三道杠

湿婆教派的印符俗称三道杠。人们通常会用灰烬在额头上画三道水平的白线，再加上一个红点。还有的湿婆教徒会把整张脸全部涂白。

灰烬有特殊的象征意义，它代表着毁灭。世间万物，到头来不过是尘土。但是灰烬同样意味着永恒，因为灰烬虽然渺小，却无法被完全摧毁，可以说灰烬是不死的。这是毁灭之神湿婆的存续之道。

湿婆与"3"这个数字关系紧密。他是三界毁灭者，是喜、忧、暗三种创世力量的来源，还代表三种瑜伽。事实上，他就是创造、存在与毁灭本身。

毗湿奴的"U"形符

毗湿奴教派印符是"U"字形的。当然，根据支派、种姓和场合的不同，印符也有区别，甚至还有专门的经书规定印符的不同画法。

关于"U"形印符的来源有很多说法，最常见的解释是：它表示印度教三神一体，两边的竖线代表梵天与湿婆，中间会合处是"毗湿奴的神殿"，正好在眉心正中位置。人们认为，神就在自己的身上，毗湿奴的神性就在眉心。

松果体：我们的"第三只眼"

古印度人所说的"眉心"其实是松果体的位置。我们每个人体内都有松果体。它是一个形似豌豆的灰红色椭圆形小体，长5～8毫米，宽3～5毫米，位于我们大脑的丘脑后方，也就是在眉心向后的延长线上。

松果体细胞是可以"感光"的。太阳每天东升西落，我们的眼睛和大脑可以感受到自然光的变化，同时也让松果体分泌的褪黑素量发生改变。褪黑素是调节人体生物钟的重要激素，它能让我们在早晨自然醒来，到了晚上则放松神经，让我们进入睡眠状态。

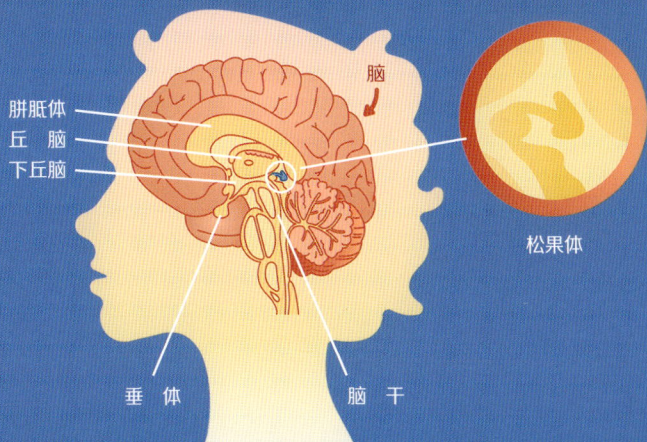

脑

胼胝体
丘脑
下丘脑

松果体

垂体　　　脑干

漂亮的纱丽穿上身

我们看到的印度姑娘，大多浓眉大眼，披着头纱，身着艳丽的长裙，这种服饰叫纱丽。在 21 世纪的今天，纱丽仍然是许多印度女子的日常穿着，特别是在正式场合。定制一套做工精美的纱丽所需的费用可能高达数万元人民币。

一块长长的布

纱丽看似雍容华贵、构造复杂，其实通常只是一块长 4.5 ~ 9 米、宽 1.5 米左右、轻薄柔软的丝绸或棉布。在印度的语言里，"纱丽"的意思就是"一块布料"。印度女性会先穿上衬裙和紧身胸衣，然后将纱丽缠在身上。

纱丽怎么穿？

如何用一块长长的布把自己优雅地包裹起来呢？这其实并不容易。据考证，纱丽的缠绕方法超过 80 种！最简单、最常见的穿法是把纱丽的一端夹在衬裙中，在腰间缠裹 1 ~ 2 圈，使其自然垂下成为裙摆，然后将布连续打 5 ~ 7 个褶，别在腰里，另一端绕过胸前，拉到肩膀，披到身后。有时，人们还会把肚子露在外面。

纱丽

圆领短袖紧身衫

衬裙

用蓼蓝染色的纱线

纱丽热卖

纱丽的历史悠久，可以追溯到约 5 000 年前。古印度的纺织水平很高，人们很早就知道如何用棉、麻来纺织布料，再使用蓼蓝、茜草等植物染料进行染色。

在阿拉伯海和印度洋上穿梭往返的商人也非常喜欢印度的各类纺织品。他们将印度的棉花和纺织品销往海外各国，因而古印度的许多家庭也以纺纱、织布为生。

五彩斑斓的印度纺织品

手工印花

印度男子的服装

印度男子常穿的裤子被称为托蒂。它与纱丽类似，也是一整块布。人们把它裁剪成不同的形状，再用不同的方法缠绕在腰部和大腿上。

头巾对于许多印度男性来说必不可少。它不仅能用来装饰头部，还能遮挡阳光和风沙。锡克教徒的头巾最有名，因为锡克教规定男性必须终身蓄发、佩戴头巾，所以他们将长长的头发盘在头顶，然后用头巾包住。

知识加油站

早在 3 000 多年前，人们就发现了一种神奇的蓝草——蓼蓝。他们将布料和这种植物一起揉搓，布料就被染成了蓝紫色，并且可以维持很长时间不褪色。后来，人们从植物中提取出这种蓝紫色物质，作为织物的天然染料，并给这种颜色起了一个独特的名字——靛蓝。

成为最美的新娘

从古至今，纱丽都是印度服饰文化的典型代表。在婚礼中，新娘也会穿上色彩鲜艳的纱丽。她们穿的纱丽通常是红色的，选用丝绸和棉布制作，上面常常绣着金线或缀有珠宝。

新娘的眉心处会涂上喜庆的红点，寓意吉祥，佩戴的鼻环和耳环用纯金打造，甚至会镶嵌上贵重的宝石，前额、脖子、手腕、脚腕处都会戴上珠链，让新娘从头到脚亮闪闪！最不可思议的是，新娘的双手和双脚还会画上图案繁复的印度海娜手绘，以此来表达多子多福、大富大贵、吉祥如意等寓意。

印度海娜手绘是一种身体装饰艺术。手绘师用圆锥形颜料筒作画笔，绘制出精美繁复的图案。

从流浪歌手到宫廷诗人

古代人是用什么材料来著书写作的？中国的古人用竹简、木牍、布帛和纸张，那么爱思考的古印度人呢？

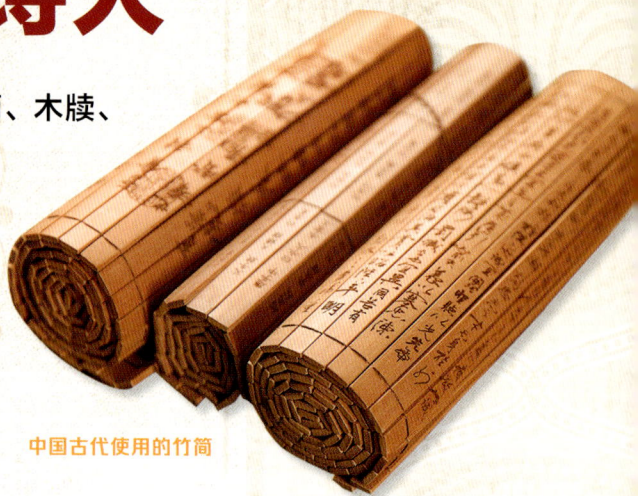

中国古代使用的竹简

写在叶子上的经书

古印度人留下的书很少。这一方面是因为古印度人没有记载历史的传统，他们内心有丰富的世界和宏大的宇宙观，认为世界是轮回的，因此没有必要记录现世的历史。另一方面的原因很简单：他们没有纸！中国的古人很早就发明了造纸术和印刷术，但是古印度没有便于书写的纸张。

怎么办？古印度人将需要记录的事情写在树叶上。他们把贝多树的叶子放到水中煮，待晾干后，把叶片的两面磨光，并截成宽约 7 ~ 8 厘米、长约 60 厘米的长方形，这就是他们的"纸"。佛教的早期经文也被称为贝叶经。

但是南亚的气候潮湿闷热，贝叶很容易腐烂、发霉，难以长期保存。久而久之，古印度可信的文字记载大多散失了。

贝多树

贝叶纸

行吟诗人来唱诗

因为缺少纸张，贝叶也很难保存，人们就以口为笔，用头脑记录，于是古印度形成了口头传承文学的传统。行吟诗人背诵着世代相传的诗歌，到处流浪，将诗歌传诵四方。在婚礼、祭祀、聚会等场合，人们也会邀请流浪到此的诗人为大家唱诵诗歌。

插图手抄本《印度种姓七十二图例》制作于 1837 年，书中绘有行吟诗人和音乐家的形象。

古时候，民众的生活比较简单，行吟诗人唱诗，可以给大家提供娱乐消遣和精神熏陶。通过鲜活的记忆和口耳相传，天上无数天神的故事、地上各路英雄的传说，一直保留了 2 000 多年，实在令人惊叹！

这些诗歌内容丰富，包含各种神话故事、历史事件和民间传说。其中最出名的两部史诗当属《摩诃婆罗多》与《罗摩衍那》。它们长达数百万字，既有漫长的主线故事，又有无数支线小故事，故事套故事，内容精妙而复杂。

罗摩兄弟大战十首魔王。

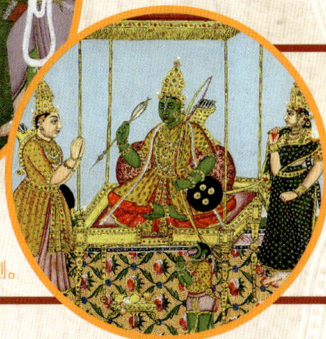

罗什曼那和悉多立于罗摩的两侧。

《罗摩衍那》

罗摩王子遭到流放，他和妻子悉多、弟弟罗什曼那一起，在森林中过着艰苦的生活。十首魔王罗波那却劫走了悉多，罗摩兄弟受猴神哈奴曼的帮助，最终战胜魔王，救回了悉多。

《摩诃婆罗多》

《摩诃婆罗多》描写般度和俱卢两族争夺王位的斗争，反映印度奴隶社会的生活，并涉及当时的哲学、宗教和法律问题。长诗包含丰富的民间故事、寓言、神话和童话。

阿周那和黑天

宫廷诗人来宣传

江湖之远有流浪歌手，庙堂之上有宫廷诗人。宫廷诗人很受古印度帝王和贵族重视，他们用梵语创作诗歌和戏剧，普通百姓则大多使用俗语和方言。文学作品既是王侯将相的日常消遣，也被当权者用作宣传思想、教化民众的工具。

唐朝时期，玄奘旅居印度时，结识了国王戒日王。国王身边就有一位著名的宫廷诗人，名叫波那。波那创作的梵语戏剧和诗歌在后世广为流传，如《戒日王传》。这部历史传记小说讲述了戒日王即位前后的生平事迹，赞颂了他的伟大功绩。

玄奘

民间小故事：狮子和老鼠

一天，小老鼠在灌木丛里觅食，不小心吵醒了百兽之王狮子。狮子很生气，小老鼠害怕极了，搓着小手求饶："大王，求您不要杀我。有朝一日，我也许可以帮到您。"狮子笑了："冲着这'有朝一日'，你走吧。"

日子一天天过去。有一天，狮子失足掉进了猎人的猎网里。它愤怒地大吼，但动物们都不敢前来救它，唯独老鼠不怕。瘦小而灵巧的老鼠悄悄靠近猎网，用牙齿一点一点地啃咬粗实的麻绳。渐渐地，它的门牙不再锋利，嘴巴也受伤了，还流了好多血，但它始终没有放弃。太阳落山之前，老鼠终于咬破了猎网。百兽之王万万没想到，成功救出自己的竟然就是那只弱小而平凡的老鼠。

这个故事来自古印度民间寓言故事集——《五卷书》。

泰姬陵：
最美的奇迹

美丽的泰姬陵坐落在印度的阿格拉。阿格拉曾是莫卧儿帝国的都城。毫不夸张地说，每一位去印度旅行的游客都不应错过泰姬陵。日出时分，万籁俱寂，看着泰姬陵白色的大理石和波光粼粼的亚穆纳河交相辉映，我们仿佛走进了有关这座陵墓的浪漫记忆中。

1 主体建筑的顶端有一个代表伊斯兰教的新月标志。

2 泰姬陵有一个大大的"洋葱头"。这个圆形穹窿的直径为 18 米，高 25 米。

3 穹窿的四角有 4 个小穹窿。小穹窿是半球形的，下面的亭子是八角形的，与主体建筑的形状呼应。

4 拱门上刻有精美的花纹、复杂的几何纹样，以及《古兰经》经文。

5 4 座高 41 米的尖塔矗立在陵墓的四角。人们可以通过螺旋式楼梯，到达顶端的祈祷台。

6 陵墓和尖塔都建在方方正正的台基上，使整座建筑高于周围的庭院。台基由砖和碎石砌成，上面铺着白色大理石。

工匠先在白色大理石上刻画出图案，再凿出凹槽，在凹槽中嵌入彩色的玉石、琥珀、珊瑚等，从而得到精美的花纹。

日落时分，泰姬陵的外墙被"染"成了暗红色。

泰姬陵是印度伊斯兰建筑的代表，也是世界最美的建筑之一。白色大理石做的外墙、精雕细琢的装饰、左右完美对称的结构，使整个建筑有着简洁而不失细腻的华美，显得肃穆而庄严。它的外墙上还点缀有宝石和半宝石，随着一天里的光照变化，泰姬陵变换着不同的色彩。

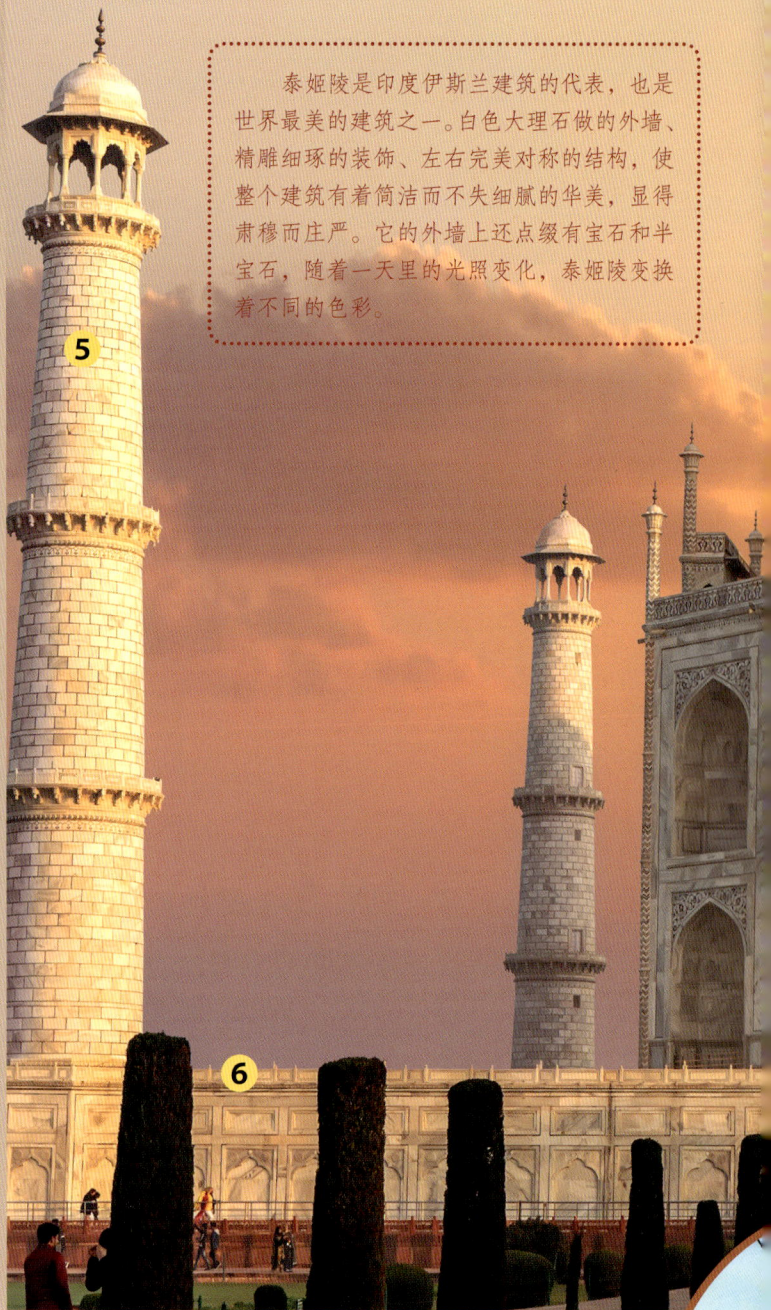

美丽的爱情

泰姬陵是莫卧儿帝国的皇帝沙贾汗下令建造的，这里安眠着他心爱的妃子蒙泰吉。

1612 年，20 岁的库拉姆王子迎娶了阿格拉 19 岁的波斯贵族女子阿姬曼·芭奴。后来，库拉姆登基，成为沙贾汗，即"世界之王"。他最爱的王妃被封为蒙泰吉·玛哈尔，意思是"宫中的珍宝"。

1631 年，沙贾汗率军远征，怀孕的蒙泰吉在军营里生下一位公主，却因为产后大出血而不幸逝世。临终前，她对国王提了一个要求，希望国王能给她建一座美丽的陵墓。

1

2

知识加油站

泰姬陵建成约1个世纪后，印度沦为大英帝国的殖民地。英国殖民者和流民曾将泰姬陵里的各种宝石偷走，还将泰姬陵开辟为野餐场所。后来，英国殖民政府和印度政府都对泰姬陵进行了修复，以尽量恢复建筑的历史原貌。

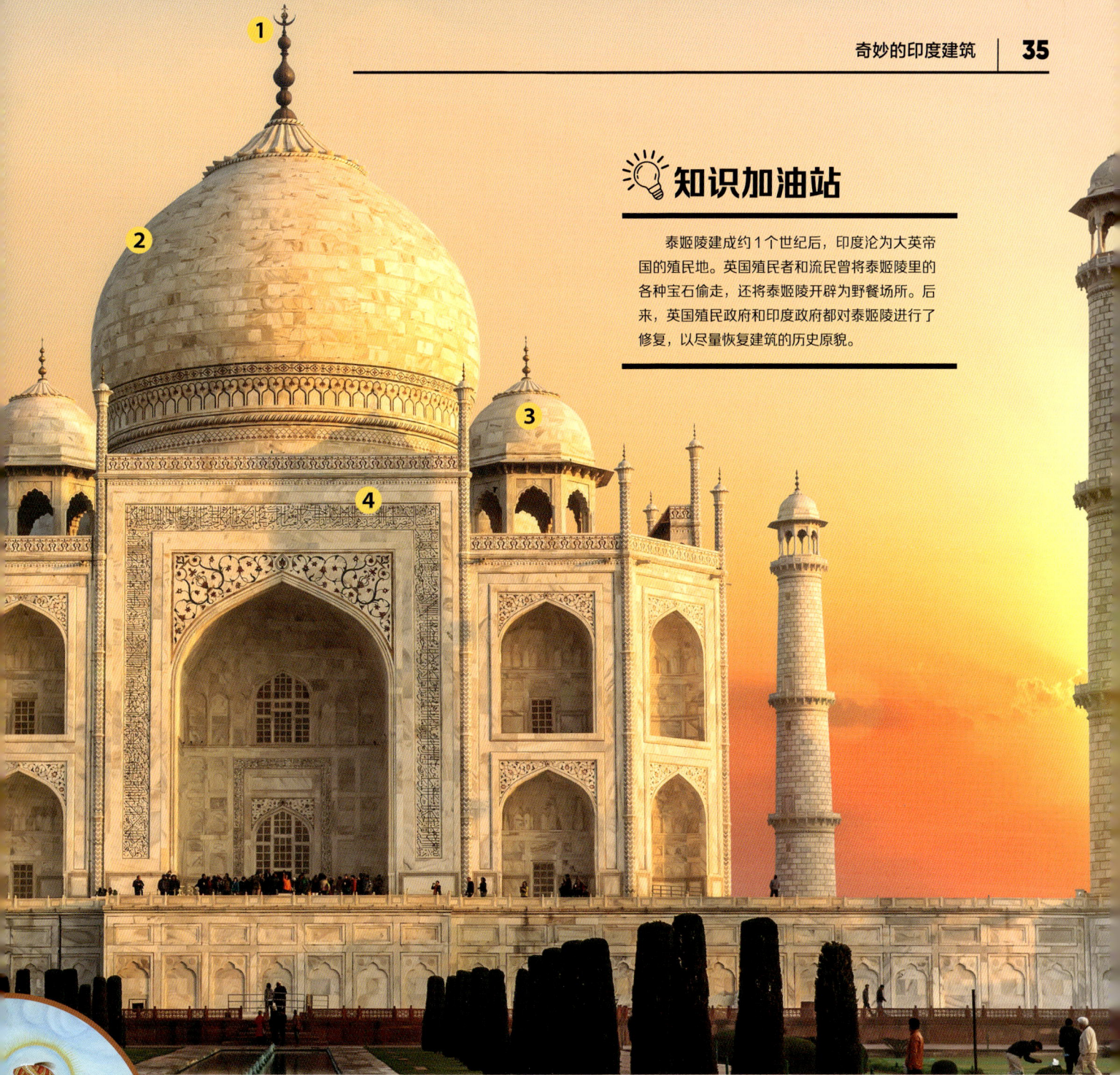

3

4

"世界之王"沙贾汗

"宫中的珍宝"
蒙泰吉

不朽的纪念

伤心欲绝的沙贾汗回到都城阿格拉后，从国内及波斯、土耳其等地召集了2万多名能工巧匠，动用了1000多头大象拉运大理石，耗费巨资从中国购买玉石与水晶，又派使臣前往斯里兰卡和阿拉伯寻找上好的宝石与珊瑚。国王将所有心血都投入泰姬陵的修建中，耗费了约4000万卢比。

22年过去，泰姬陵终于建成，沙贾汗也老了。急于上位的儿子奥朗则布把沙贾汗囚禁在距离泰姬陵不远的阿格拉红堡里。老国王每日在窗户旁，守望着爱妻的陵墓。沙贾汗死后被葬入泰姬陵，夫妇二人的石棺被安放在了一起。

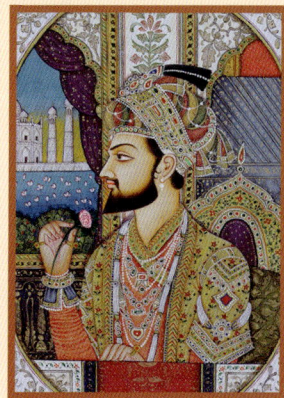

沙贾汗思念妻子，眺望着窗外白色的泰姬陵。

埃洛拉石窟

神庙知多少

印度有各种样式的神庙。它们有的层层叠叠、高高耸立，有的低矮齐整、朴实无华，有的仿若五彩斑斓的迷宫，有的只是路旁的几块石头，还有的甚至在山洞里，或者在海边……

石窟寺

印度最古老的神庙是石窟。洞窟里冬暖夏凉，石壁上刻着神像，修行者带上经文，就可以在这里生活，长长久久地与神佛为伴了。

"山峰"塔

高耸入云的悉诃罗塔在印度神庙中很常见，"悉诃罗"在梵语里的意思是"山峰"。后来，这种塔式建筑逐渐影响了佛教，所以佛教建筑中也有这种尖尖的塔。

"扣碗"塔

这种塔被叫作窣堵波塔，是典型的佛教塔。它呈半球状，宛如一只倒扣的碗。相传这种佛塔最初用来埋葬释迦牟尼的遗骨、经卷和法物，后来也用于安置佛教高僧或圣徒的舍利。

布里哈迪斯瓦拉神庙

房子式神庙

公元三四世纪，印度教的神庙越来越多。因为建造技术比较落后，早期的神庙只是一座座四四方方的"房子"。古老的达沙瓦塔拉神庙是一座典型的房子式神庙，它的外墙上刻有雕塑，内殿里供奉着毗湿奴的十大化身。

桑奇佛塔

达沙瓦塔拉神庙

最初，人们不被允许进入佛塔，于是他们绕着塔转圈、拜佛。佛教徒转山和转塔的方向是"右绕"，即按顺时针方向走动，这个习俗流传至今。

路边的神龛

印度是神灵的国度，虔诚的印度人运用自己的智慧，就地取材，搭建简易的神龛，方便随时礼拜。

五车神庙

模仿战车的神庙

南印度的摩诃巴里补罗有 5 座用整块岩石雕凿而成的小神庙，名叫五车神庙，它们看上去就像 5 辆战车。但这 5 座神庙不是用来供奉战车的，它们供奉的是般度五子和他们的妻子黑公主。这 5 座神庙象征他们驾驶的战车。

彩色的神庙

古印度人喜欢、崇拜湿婆，所以湿婆的神庙有很多。印度马杜赖有一座彩色的米纳克希神庙。神庙里供奉着湿婆和米纳克希女神。传说米纳克希是一位公主，爱上了湿婆，和湿婆结婚后成为女神，因而受人崇拜。米纳克希神庙的外墙上密密麻麻排列着各种神和异兽的彩色雕像，数量多得数不清！

一大群神庙

克久拉霍是印度的一座古城，位于恒河平原以南的矮山之上，周围环绕着河水和湖泊。这里简直是神庙的天堂：湿婆教派的追随者为湿婆修筑庙宇，湿婆大庙在所有神庙中最负盛名；毗湿奴教派的信徒立起了毗湿奴十大化身的神像；耆那教徒则在这里修建了少见的耆那教大雄神庙。

神庙外壁上刻满了表现各种人物、动物和纹饰的雕塑，还展现了人们日常生活的场景，如婚礼、战争、礼拜等。神像位于外壁顶端和主殿内部。

湿婆和妻子雪山女神骑着白牛。传说米纳克希公主其实是雪山女神的转世！

海边的神庙

印度西部的古吉拉特邦面朝阿拉伯海，古时海边有一座多门城，如今多门城已沉没到海底。传说它的沉没源于一个诅咒。

在《摩诃婆罗多》的结尾，黑天带领般度族战胜了俱卢族，俱卢族很多王子都战死了。俱卢族的老王后看到儿子们战死沙场，痛恨至极，于是诅咒黑天和他的族人于公元前 3102 年 2 月 18 日死于非命，让黑天的王国就此消亡。这一年如期而至，死神在多门城上空盘旋，城内一片混乱。黑天在混乱中误杀了族人，而他也倒在了一支箭下。最后，海面掀起滔天巨浪，整座多门城沉入了海底……为了纪念这座海底的圣城，人们在海边建造了黑天神庙。

在多门城遗址，黑天神庙孤零零地矗立于海边。

小小菩提，大大智慧

你还记得释迦牟尼的故事吗？相传他经过6年苦行，终于在菩提伽耶的一棵菩提树下开悟。信徒为了纪念他，在菩提树下修建了大菩提寺。人们赋予了"菩提"这个词新的意义，它代表着豁然开悟、获得智慧。

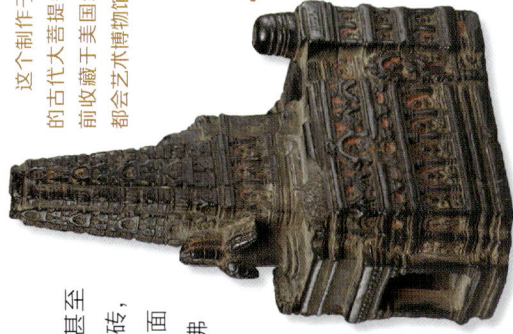
菩提伽耶的菩提树

斯里兰卡的摩诃菩提树

修建菩提寺

最初，位于菩提伽耶的这座大菩提寺并不大，甚至算不上一座寺。释迦牟尼的弟子在菩提树下堆了几块砖，简单立了座纪念碑。释迦牟尼去世后，佛教弟子从四面八方来到此处朝圣，寺庙几经修筑，逐渐有了佛塔、佛寺来纪念他。

公元前3世纪时，孔雀王朝的国王阿育王派人修建了宏伟的大菩提寺。在后来的数百年间，大菩提寺不断得到整修，越来越大，变成了一座以菩提树为中心的大园子。到了爱多王朝时期，大菩提寺就和今天的样子差不多了。

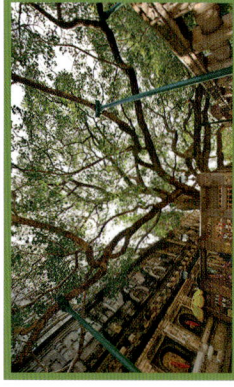
这个制作于12世纪的古代大菩提寺模型目前收藏于美国纽约的大都会艺术博物馆。

菩提古树死而复生

关于大菩提寺里的那棵菩提古树，还有一段非凡的故事。孔雀王朝的阿育王笃信佛教，他派出使团向四方传佛法。为了弘扬佛教，阿育王还命令使臣剪下菩提树的细枝，移栽至别处。其中一株种在了楞伽国，也就是现在的斯里兰卡。

后来菩提伽耶的大菩提寺遭到破坏，菩提古树也枯萎了。于是印度政府派人去斯里兰卡，再移栽回了菩提伽耶。这就是今天留存的菩提树。

菩提树见证了佛教在印度的兴衰，今天也依然香火鼎盛。

去印度修寺庙

菩提伽耶是佛教最重要的圣地之一。包括中国、日本、缅甸、泰国在内的许多国家的佛教组织也都在菩提伽耶修建了佛寺、庙堂。中国修建的佛庙的全名为中华大觉寺。

中华大觉寺

菩提伽耶的大菩提寺也音译作摩诃菩提寺。它高约50米，形如金字塔。底层为边长15米的四方形，上部建筑逐渐收缩，顶部为圆柱状，上面立着一个螺旋形的铜制圆顶。

知识加油站

传说释迦牟尼觉悟成佛后，来到鹿野苑，找到原来照顾自己的5位侍者，向他们讲述自己的悟道思想，并通过他们将佛法讲法为进一步向外传播。佛教中称这次讲法为"初转法轮"。所以，鹿野苑也成为重要的佛教圣地。

阿育王石柱

信奉佛教的阿育王向全国颁布政令，弘扬佛法，晓谕子民。他派人在各地竖立石柱，刻上释迦牟尼的生平事迹与佛法铭文。从今天的印度、巴基斯坦一直到阿富汗，考古学家发现了许多阿育王石柱的遗迹。如今，印度瓦拉纳西的鹿野苑的阿育王石柱柱头，印度国家博物馆保存着一根阿育王石柱顶端的石刻。

柱头顶端蹲踞着4只雄狮，它们背部相倚，面向四方，隐喻着释迦牟尼威震四方的声威，也显示了孔雀王朝远震四方的身下是一块盘状圆盘顶板。顶板上围着1圈浮雕饰带，上面雕刻着4种动物的形象：狮子、大象、瘤牛和奔马，每两只动物之间用1个法轮隔开。顶板下方是一朵倒置的钟形莲花。

天地间的大神庙

现在，让我们来到圣城瓦拉纳西，一睹这座印度最有名的文化城市。这里的恒河沐浴久负盛名。千百年来，无数印度教徒来到此处，沐浴祈福，或者在恒河岸边等候死亡和被安葬，并由此走向解脱。

城市大神庙

在印度教徒心里，瓦拉纳西就是一座巨大的神庙，连接生与死。在瓦拉纳西的恒河岸边，我们既可以看到人们为新生儿沐浴祈福，为新婚夫妇举行庆祝仪式，也可以看到人们为死去的亲人举行火葬。人一生的轮回在这里再现。

河边的葬礼

第一场仪式是葬礼。葬礼通常在下午至黄昏间举行。在这段时间里，通向火葬场的路上人山人海。人群中有不少猎奇的游人和商贩，但主要是送葬的队伍，家中男丁负责扛着逝者的尸体走向河边。

坐落在新月边的城市

恒河中游有一段新月形状的转弯处，瓦拉纳西就位于恒河这一流段的西岸。瓦拉纳西被认为是印度最古老和最神圣的城市。释迦牟尼第一次讲道的鹿野苑就位于瓦拉纳西城西北约10千米处。除此之外，瓦拉纳西的丝织品、铜器、金银细工、地毯、美术工艺品等也享有盛名。

1 500 余座

在瓦拉纳西，大大小小的庙宇有1500余座。

送葬的队伍声势浩大，拥挤的人群带着无数的花圈，伴着吵闹的音乐，涌向岸边。

恒河岸边有一处露天火葬场，逝者在那里被火化。骨灰会被撒入恒河水中，顺着水流，漂向远方。

夜晚的祭礼

第二场仪式是恒河夜祭。恒河边有一座印度香火最旺盛的神庙——迦尸神庙。迦尸是瓦拉纳西的古称，这座神庙主要供奉湿婆，就像一座湿婆的王宫。到了夜晚，这里会举办盛大的活动。

印度教十分重视祭祀活动。在瓦拉纳西，每天晚上 7 点会举行夜祭活动，这一传统已沿袭上千年。各地的印度教徒会聚集在恒河岸边，举行吟唱、舞蹈等表演形式的祭祀仪式，感谢湿婆和恒河所给予的恩惠。

恒河沐浴

第三场仪式是早晨的恒河沐浴。这是印度文化中最重要的洗礼仪式。日出时分，在金色的阳光下，无数人站在河水里沐浴身体，他们坚信，圣洁的恒河水会洗清身上的污浊、过失和罪孽。在恒河里晨浴就是对过往人生罪孽的了结，也是全新人生的开始。在瓦拉纳西城新月形河湾的两岸，古印度历代王朝先后修筑了 64 个大小不同的台阶码头，供人们沐浴礼拜，举行各种仪式。

从此岸到彼岸

人们走到高处，便可俯瞰日出时分的恒河与瓦拉纳西城。楼宇间的小巷错综复杂，像迷宫一般，但不管人们怎么走，城市里每一条向下的道路都通向恒河。

在印度人的心中，瓦拉纳西是湿婆的王国。在寿命即将结束之时，人们来到恒河西岸的瓦拉纳西，希望在湿婆的王国里等候神灵的最后召唤，然后走向死亡。恒河的东岸一片荒芜，只有漫漫沙地和散落其间的几间屋子。印度人相信，那里象征着彼岸，是亡者的轮回之地。

在清晨日出的刹那，在黑夜白昼更替的瞬间，进行晨浴的印度人站在恒河水中，仿佛站在了生与死的交界线上。等到太阳完全升起后，他们就好像获得了一次重生，然后回到西岸的城市，再次迈入瓦拉纳西这座"大迷宫"。

敦煌莫高窟壁画《法华经变·化城喻品》

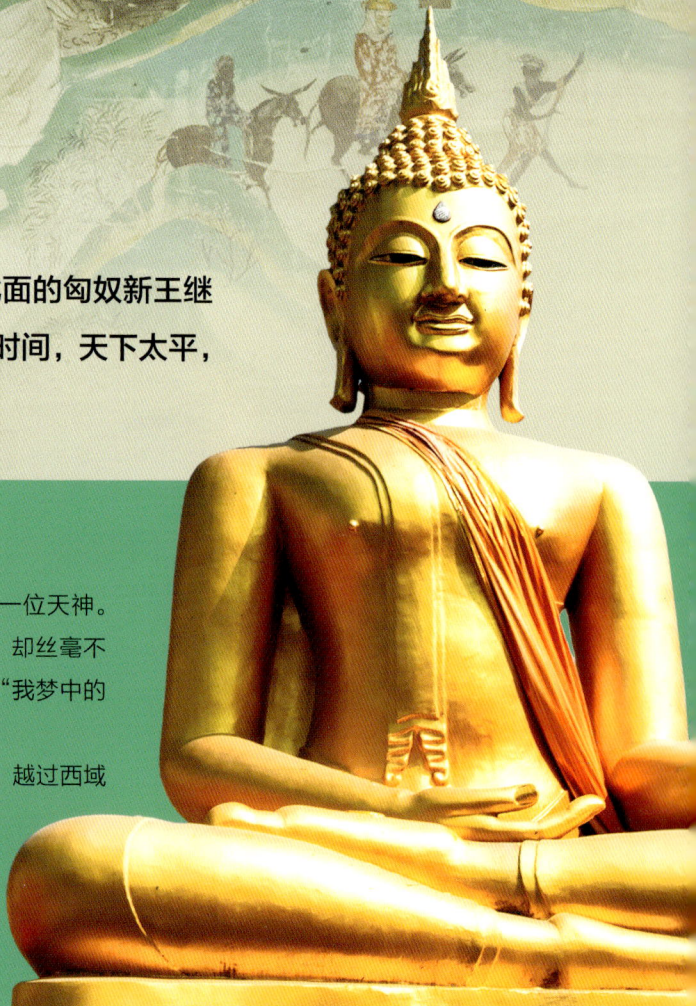

"金人"来到中国

东汉永平七年（公元 64 年），汉明帝刘庄 36 岁。北面的匈奴新王继位不久，边境暂时没有战争，大汉帝国逐渐走向鼎盛。一时间，天下太平，风清气正。

汉明帝的梦

有一天，明帝做了个美妙的梦。他梦见自己坐在宫殿里，西边飞来一位天神。天神通体散发着金光，飘于半空之中。明帝痴痴地看着这一奇妙的景象，却丝毫不觉得荒唐，反而感到阵阵欢喜。次日明帝醒来，召集博学的大臣，问道："我梦中的金人是怎么回事？"

当时有位名叫傅毅的朝臣，他晓古通今。傅毅答道："在大汉的西方，越过西域的黄土和绿洲，那里有得道之人，名叫佛，他身上有光，能虚空行走。佛应该就是那位金人。"傅毅认为这是吉兆，预示着神佛将从西方而来。

明帝也想弄清梦中的这位圣人究竟有什么奥秘。于是，他派出求法使团，让他们沿着丝绸之路往西而行，去寻找佛的足迹。

竺法兰

迦叶摩腾

白马驮经

3 年后，使团回到了洛阳，从印度带回两位僧人——迦叶摩腾和竺法兰。两位僧人还牵着一匹驮载着佛经、佛像的白马。汉明帝亲自迎接，并命人修建佛寺，供养两位僧人。这座佛寺就叫白马寺，它是佛教传入中国后兴建的第一座官办寺院。

汉明帝的梦促成了两个古老民族的文化碰撞。中国收获了一份宝贵的思想礼物。

两位僧人将经文译成汉文，其中最著名的一本经书叫《四十二章经》，也就是金庸小说《鹿鼎记》中提到的佛经。

明代画家丁云鹏的画作《白马驮经图》

位于河南洛阳的白马寺

白马寺

老 舍

中州原善土，白马驮经来。
野鹤闻初磐，明霞照古台。
疏钟群家寂，一梦万莲开。
劫乱今犹昔，焚香悟佛哀。

大师住进草堂寺

1 600 多年前，后秦皇帝姚兴迎来了大名鼎鼎的佛教学者鸠摩罗什。鸠摩罗什居住在草堂寺，潜心翻译佛经。草堂寺是中国第一座国家设立的佛经译场，也是佛教中国化的里程碑。

西汉时的金人

西汉时期（前206—25），古代中国人第一次知道了印度。张骞出使西域时，听说中国的西南边有个名为"身毒"的地方。这个地方就是印度，后来中国人也把它叫作天竺。

大将霍去病征讨匈奴时，得到了一座金人，把它献给汉武帝。这座金人被供奉于宫殿中。后来，大月氏国的使臣又向汉代文人秦景宪口授《浮图经》。

白马寺里的印度风格佛塔

近2 000年过去了，印度又给中国送来了一份礼物。2006年，印度政府出资，模仿桑奇佛塔的外形，开始在白马寺西侧修建佛殿苑。印度政府甚至不远万里，运来工程所需的石材。4 年后，这座外表圆鼓鼓的佛塔落成，它是印度政府在全世界捐建的第一座佛殿。

霍去病

张骞

藏在汉语里的印度词

汉语里有很多词来自古印度。古代的翻译家在翻译印度经文时，创造了不少词语：刹那、世界、菩萨、法宝、报应……

西游取经

你喜欢看《西游记》吗？《西游记》讲述了唐僧师徒四人去西天取经的故事。历史上的西天是指天竺（即古印度），那里是佛陀的故乡。自汉明帝的使团带着两位僧人回来后，越来越多的印度僧人来到了中国。中国的修行者也开始前往印度取经，其中最著名的就是东晋的法显大师。到了唐代，玄奘大师也曾西游取经。

玉门关遗址

法显曾到过释迦牟尼在舍卫城讲课时所使用的祇园。

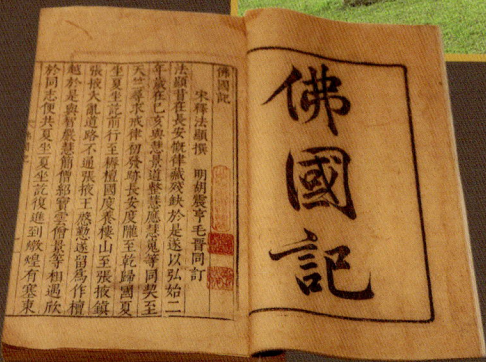

《佛国记》内页

法显大师取经

法显是中国声名显赫的高僧。60多岁时，他下决心西游，前往印度。为什么要去那里呢？法显学了一辈子的佛法，他感觉中国的佛学经书上有一些内容并没有讲清楚，内容有残缺，而且几百年来，各种佛经的编译质量也参差不齐。因此他想亲眼看看印度的经书，亲自走一走释迦牟尼曾经走过的地方。法显也深知自己年事已高，再不去就来不及了。

他带着几个伙伴，从长安（今陕西西安）出发，一路向西，出玉门关，九死一生地闯过塔克拉玛干沙漠地区，穿越葱岭，也就是路途险恶的帕米尔高原。等出了葱岭，他还要走过瓦罕走廊，接受狂风和严寒的挑战，但法显没有退缩，继续前行。

历经重重磨难，法显终于到达了温暖湿润的印度。在那里，他受到印度僧人的热情款待，游历了几乎所有重要的佛教古迹，并重走了释迦牟尼过去行走的路，近距离观察当地社会，也取得了不少佛经，最后乘船渡海，回到中国。回国后，法显根据自己在印度的经历，写成了一本书——《佛国记》。

法显归来的场景

玄奘取经

　　法显取经 200 多年之后，玄奘大师也踏上西行取经的道路。这就是《西游记》里唐僧师徒的精彩故事吗？不一样哟！真正的西行路上并没有妖魔鬼怪拦路，也没有各路神仙相助，只有日复一日的行走。路很长，他总是一个人背着大箱子，踏沙漠，越高山，向着远方的目的地慢慢前进。

这是位于阿富汗兴都库什山的巴米扬大佛像，法显和玄奘都曾见到过它。可惜它在 2001 年被炸毁了。

智勇双全的玄奘

　　玄奘一个人背着行李，历尽艰险，走了几万里路。由此可见，玄奘肯定不是小说中的文弱僧人，而是智勇双全、身强体壮之人。书中记载，他曾遭遇强盗，这时天神忽然显灵，救他于危难之中。实际上并没有什么天神，在这群强盗准备杀玄奘的时候，刮起了一阵风，干坏事的强盗心虚，以为玄奘有佛法保护，于是放了他。

　　玄奘很早就学习了梵语。到印度后，他在"佛教大学"那烂陀寺中勤学多年，还代表那烂陀寺参加了戒日王举行的佛学大会。大会上人才济济，他一人对多人，与各地僧人辩论佛经问题，从此名扬印度，人们称赞他是"高僧大德"。

取经归来

　　离开故乡16年后，玄奘带着657部佛经回到长安。回来的路上，他已经拥有一队人马了。在唐太宗的支持下，玄奘开办译经院，翻译了一大批佛经。他的游历经历被编撰成了《大唐西域记》。

　　佛教在汉代时传入中国，到唐代时，中国的佛教已十分兴盛。此时，佛教盛行于亚洲的东部。从中国、印度，到东南亚的小国，虽然各地有着不同的风俗，人们说着不同的语言，但是大家几乎都信仰佛教。

慈恩寺的玄奘三藏院

玄奘的西行装备

圆伞盖可以遮阳。

圆伞盖上挂着一只香炉。

"学霸"的超大书箱里装满各种书。

左手握经书。

右手执拂尘，以驱赶蚊蝇。

腰上挂着一把剑。

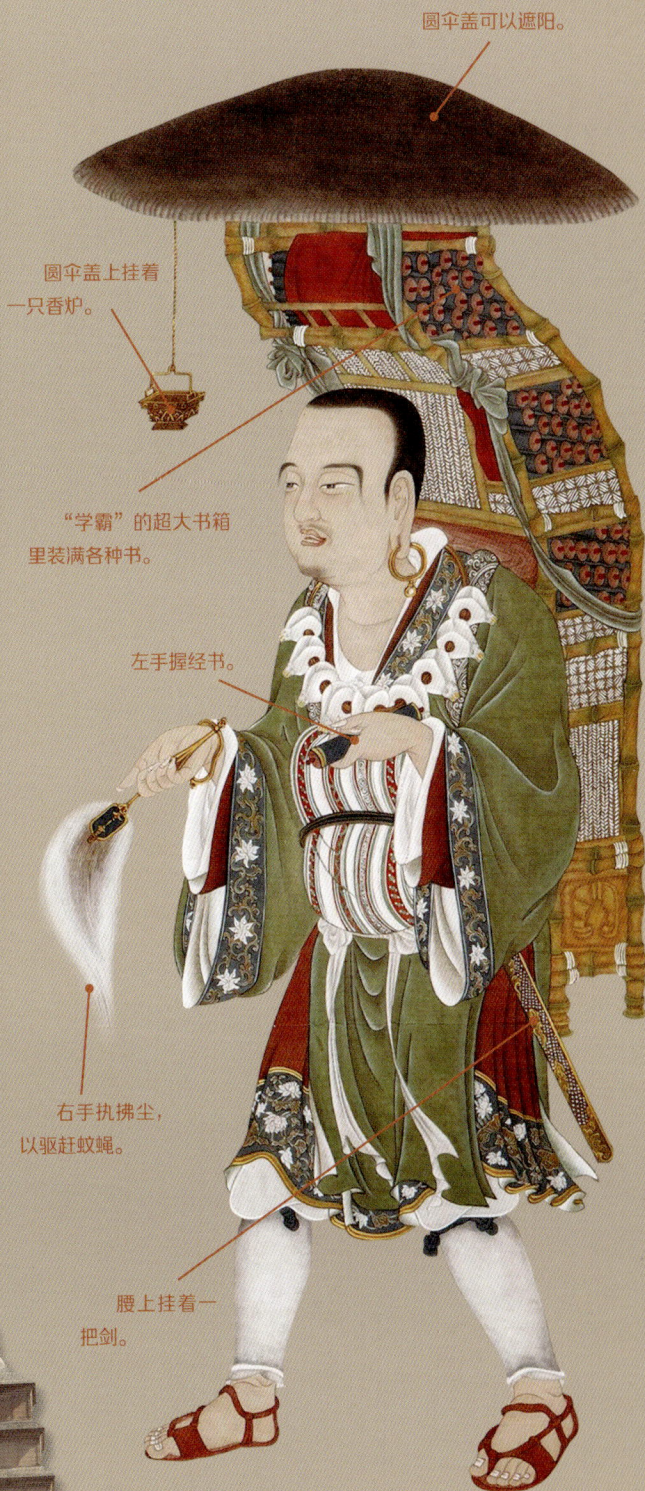

玄奘在慈恩寺住了 8 年，专门翻译经、论。寺内的大雁塔为玄奘倡议所建，用来收藏从印度带回的经卷佛像。

孙悟空的印度亲戚

齐天大圣孙悟空是美猴王，他斩妖除魔，神通广大。你知道吗？印度也有一位猴神。他叫哈奴曼，是孙悟空的"远房亲戚"！

猴神哈奴曼是谁？

哈奴曼是风神伐由的儿子，与火神阿耆尼、雷神因陀罗、水神伐楼那、太阳神苏利耶等神并列。

哈奴曼是忠义不贰的战士，曾帮助罗摩战胜邪恶，救出众多。他有无敌的法力，却不渴求权力，毫无私欲，从不作恶。他惩恶扬善，见义勇为，是人们心中的英雄。

很明显，哈奴曼并没有"尖嘴猴腮"，他的大嘴巴圆鼓鼓的。事实上，他的名字很好玩："哈奴"的意思是"下巴"，"曼"的意思是"大、明显"，连在一起，哈奴曼的意思就是"大下巴"。

伐由是天界主神之一，可以乘风而飞。

大下巴的由来

哈奴曼小时候十分顽皮，他继承了父亲的基因，他善于腾云驾雾。一天，他抬眼看见空中的太阳，怎么都觉得那是一个巨大的水果，就想把它摘下来吃了。于是，他蹿到空中，动手摘日。太阳神苏利耶那被他追得满天跑，时间混乱，以至日夜颠倒，时间混乱。

雷神因陀罗恼了。"这小子成何体统！"他举了一道金刚当即昏了过去，从空中坠下，摔在地上，下巴被磕破了。等醒来之后，他发现自己的下巴肿大，就成了我们现在所看到的样子。

金刚不坏之身

看到哈奴曼的下巴受伤，风神伐由非常生气，威胁雷神和太阳神，梵天安抚之际，还送给哈奴曼一份大礼——金刚不坏之身。

"紧箍咒"

众神不仅给了哈奴曼无比强大的神力，还给他带上了一条紧箍身咒。如同唐僧给孙悟空戴上的紧箍咒，这条紧身捆咒能束缚住猴神哈奴曼的野性。

托山之力

哈奴曼力大无比，可移动山岳。罗摩率军与魔兵搏斗时，他的兄弟罗什曼那不幸身中了毒箭。情急之下，哈奴曼搬来了一座神山，用山上的仙草治愈了罗什曼那的伤，之后再把神山撤回原处。

大铜锤

哈奴曼还有个杀伤力极大的武器——大铜锤，它重达十万八千斤。

长尾巴

哈奴曼的长尾巴相当于孙悟空的金箍棒，曾立下大功。

四肢

哈奴曼四肢颀长，行动起来非常灵活敏捷。

▶久闻二位猴神的鼎鼎大名，请你们谈谈自己的光荣事迹吧！

哈奴曼：我曾独闯魔都楞伽城，搅得魔宫天昏地暗。

孙悟空：俺老孙是齐天大圣，曾大闹天宫，玉皇大帝都拿我没招！

▶这听着有些调皮捣蛋啊！请二位再谈谈自己的本领！

哈奴曼：我能变大变小，有一次妖魔把我一口吞进了肚子里，我可是把他的肚子挠得翻江倒海。

孙悟空：为了借到芭蕉扇，好让我们师徒四人过火焰山，我曾钻进了铁扇公主的肚子里，让她叫苦不迭。

▶了不起！我也想要有这本领！

哈奴曼：不止这些，为了找草药救罗什曼那，我直接把神山搬过来了。

孙悟空：哼哼哼！五行山压在我身上500年，也未误我好毫！

▶看来二位都力大无穷。再说说你们做过的好事吧！

孙悟空：我可是完成过一项助人的大事业——护送唐僧去西天取经！

哈奴曼：我还曾经一路护送摩罗翻山渡海，去到楞伽城，救回了悉多呢！

▶二位都是有本领又有爱心的大功臣！

知识加油站

印度长尾叶猴也叫哈奴曼叶猴，尾巴长达1米。传说它是猴神哈奴曼的原型。

我们常用"四大金刚"形容坐在某个领域最重要的4样东西或4个人。其实四大金刚最早来自印度神话，代表4位天神——多闻天王、持国天王、增长天王和广目天王。金庸武侠小说《天龙八部》也和印度神话有关系。"八部"原本指8位护法神，对应小说里的8主角。

少林寺与达摩祖师

少林寺里曾住过一位神秘的达摩祖师。相传许多武侠小说里都提到的少林寺传世绝学，如《易筋经》、金钟罩等，都来自达摩祖师。事实上，达摩祖师是个地地道道的印度人！他的故乡在南印度。南朝宋末时期，他千里迢迢来到了中国。

高僧达摩

历史上的达摩祖师可能并不会武功，既没有创建什么武林门派，也没有写下什么武林秘籍。达摩祖师原名菩提达摩（简称达摩），属于古印度的刹帝利阶层，本是一位可以享尽世间荣华的公子。他在中国创立了新的佛教宗派——禅宗，对中华文化乃至东亚文化产生了很大影响。

禅宗是中国佛教宗派之一，以专修禅定为主。南宋年间，禅宗传至日本。这是日本镰仓时代的僧人运庆绘制的达摩像。

达摩见到了梁武帝

达摩从海上出发，坐船来到中国，在广州上岸。他一路向北，来到了南朝梁国的都城建康（今江苏南京）。梁武帝萧衍对佛教很感兴趣，甚至有些痴狂，他一生中曾3次进入寺庙，出家为僧。梁武帝兴建寺庙，捐款供养僧人，组织抄写佛经，还传令天下，禁止出家人食肉。

公元527年，梁武帝在建康的鸡鸣埭兴建同泰寺，他曾在这里颁布《断酒肉文》，规定以后出家弟子都要食素。达摩来到建康时，也曾居住在这里。有传说如今南京的鸡鸣寺就是六朝时期的同泰寺。

达摩的智慧

梁武帝问达摩："朕造佛寺，抄写佛经，供养僧人，为佛做的事情数不胜数，那朕有什么功德？"

达摩答道："您并没有什么功德。"

梁武帝很奇怪，问道："那什么是功德呢？"

达摩悠悠地说："明心见性，领悟佛法，既净化自身，又能开悟众生，这样的功德不是靠世俗的有为来求得的。"

面壁 9 年，回归内心

达摩觉得梁武帝爱自夸功德，没有大智慧，与他不欢而散。达摩离开了建康，北上去少林寺。在附近少室山的一个山洞里，他面对石壁，坐禅入定。饿了就吃点东西，累了就起来活动一下筋骨，然后继续静坐，就这样过了 9 年。

"禅"在梵语中代表着专注力。我们每个人都需要学会寻找生活中的"禅意"，从小事做起，保持专注，锲而不舍，才能在平凡的生活中取得不凡的成就。

据说，经过 3 000 多天的面壁坐禅，达摩面前的石壁上竟留下了他盘膝而坐的影子，连衣服的褶皱都隐约可见。

慧可是禅宗二祖，在达摩面壁期间，慧可曾砍断自己的左臂，以示求法决心。

禅的奥秘

弘忍是禅宗五祖。随着年事渐高，他想把衣钵传给弟子，于是命寺僧作偈，考察他们的学习成果，希望选出合适的传人。大弟子神秀想了好久，最后答道："身似菩提树，心如明镜台，时时勤拂拭，莫使惹尘埃。"意思是：身体像一棵菩提树，内心如一座明镜台。我们要常常擦拭明镜，不要让它染尘埃。

弘忍不太满意。这时，旁边一位叫慧能的小僧突然脱口而出："菩提本无树，明镜亦非台，本来无一物，何处惹尘埃？"弘忍大喜，赞叹慧能大彻大悟，于是把衣钵、禅法传给了慧能。

五祖寺位于湖北省黄冈市黄梅县，是中国禅宗第五代祖师弘忍大师的道场，也是六祖慧能大师得法受衣钵的圣地。

闻名天下的少林寺

少林寺建于公元 495 年，位于河南登封北少室山北麓五乳峰下。因处于少室山林，故名"少林寺"。公元 527 年，达摩来到这里，传授佛教禅宗，于是少林寺成了禅宗祖庭。唐代以后，因为僧人常习武艺，少林寺拳术扬名天下。

💡 知识加油站

达摩不倒翁

在日本，达摩不倒翁是一种很受欢迎的吉祥物。它既是可爱的摆设，也常被人们用来许愿、祈福。每到年初，人们会去寺院求购专门用于祈福的达摩不倒翁。这种达摩不倒翁一般没有画上眼睛。回家后，许愿的人会自己为它画上左眼，等愿望实现后再画上右眼。到了第二年年初，人们再把它带到寺院烧掉还愿。

名词解释

贝叶经：刻在贝多树叶上的经文，源于古印度，具有极高的文物价值。

彼岸：在佛教中指超脱生死，即涅槃的境界，比喻所向往的境界。

查克拉：在印度瑜伽的观念中，它指分布于人体各部位的能量中枢，具体是指从尾骨到头顶排列于身体中轴的能量中枢，也被称作脉轮或气卦。

刹帝利：古印度四种姓中的第二等级，即武士贵族，低于婆罗门。掌握政治和军事权力，是古印度国家的世俗统治者。

禅宗：中国佛教宗派之一，主张修习禅定。菩提达摩是禅宗的创始人。

此岸：与彼岸相对，指存在生老病死的凡尘之世。

梵天：婆罗门教、印度教三主神之一，即创造之神。传说世界万物（包括神、人、魔鬼、灾难）皆由梵天创造，故称之为始祖。

梵语：古印度语言之一。一般指公元前4世纪印度的古典梵语。

吠舍：古印度四种姓中的第三等级。社会基本生产者，包括农牧民、手工业者和商人。随着生产的发展和劳动分工的扩大，又派生出许多不同的亚种姓。

吠陀：梵语Veda的音译，意为"知识"。印度最古老的宗教文献和文学作品的总称。约成书于公元前2000—前1000年。

海娜手绘：一种古老的身体装饰艺术。人们采摘下一种叫海娜的灌木的叶子，将其磨成极精细的糊状物，制成手绘师的绘图原料。

恒河：南亚大河。发源于喜马拉雅山脉南坡，流经印度和孟加拉国，注入孟加拉湾。全长2 580千米，流域面积106万平方千米。印度人视恒河为圣河，认为恒河水可以洗去不洁与罪恶。

咖喱：以姜黄为主料，添加胡荽籽、辣椒、孜然、小茴香、白胡椒等多种香辛料配制而成的复合调味品，口味浓香、辛辣。

苦行僧：早期印度一些宗教中以"苦行"为修行手段的僧人。

毗湿奴：婆罗门教、印度教三主神之一，即守护神、善神，被认为具有保护能力，并能创造和降魔。

婆罗门：古印度僧侣贵族，居于四种姓的首位。世代以祭祀、诵经（吠陀经）、传教（婆罗门教）为业。掌握神权，垄断知识，享有特权，是社会精神生活的统治者。

婆罗门教：印度古代宗教之一。约形成于公元前7世纪，以崇拜婆罗贺摩（梵天）而得名，以《吠陀》为最古的经典。

菩提：佛教中断绝世间烦恼而达涅槃的彻悟境界，又指觉悟的智慧和途径。

穹顶：悬垂的半球体空间或面积。

湿婆：婆罗门教、印度教三主神之一，即毁灭之神、苦行之神和舞蹈之神，传说具有极大的降魔能力，额上第三只眼的神火能烧毁一切。

石窟：古时一种就着山势开凿成的寺庙建筑，内有佛像或佛教故事的壁画和石刻等。僧侣会在石窟里修行。

首陀罗：古印度四种姓中的最低等级。无任何权利，仅从事"卑贱"劳动，或为高级种姓服役。备受歧视压迫，其实际地位无异于奴隶。

瑜伽：印度教瑜伽派的一种修行方法，也指通过禅定而不经语言思悟真理的修行方法。如今，瑜伽已成为现代人的一种运动方式。

种姓制度：印度的社会等级制度。按规定，种姓之间界限森严，不得通婚、交往，甚至不能共食、并坐。

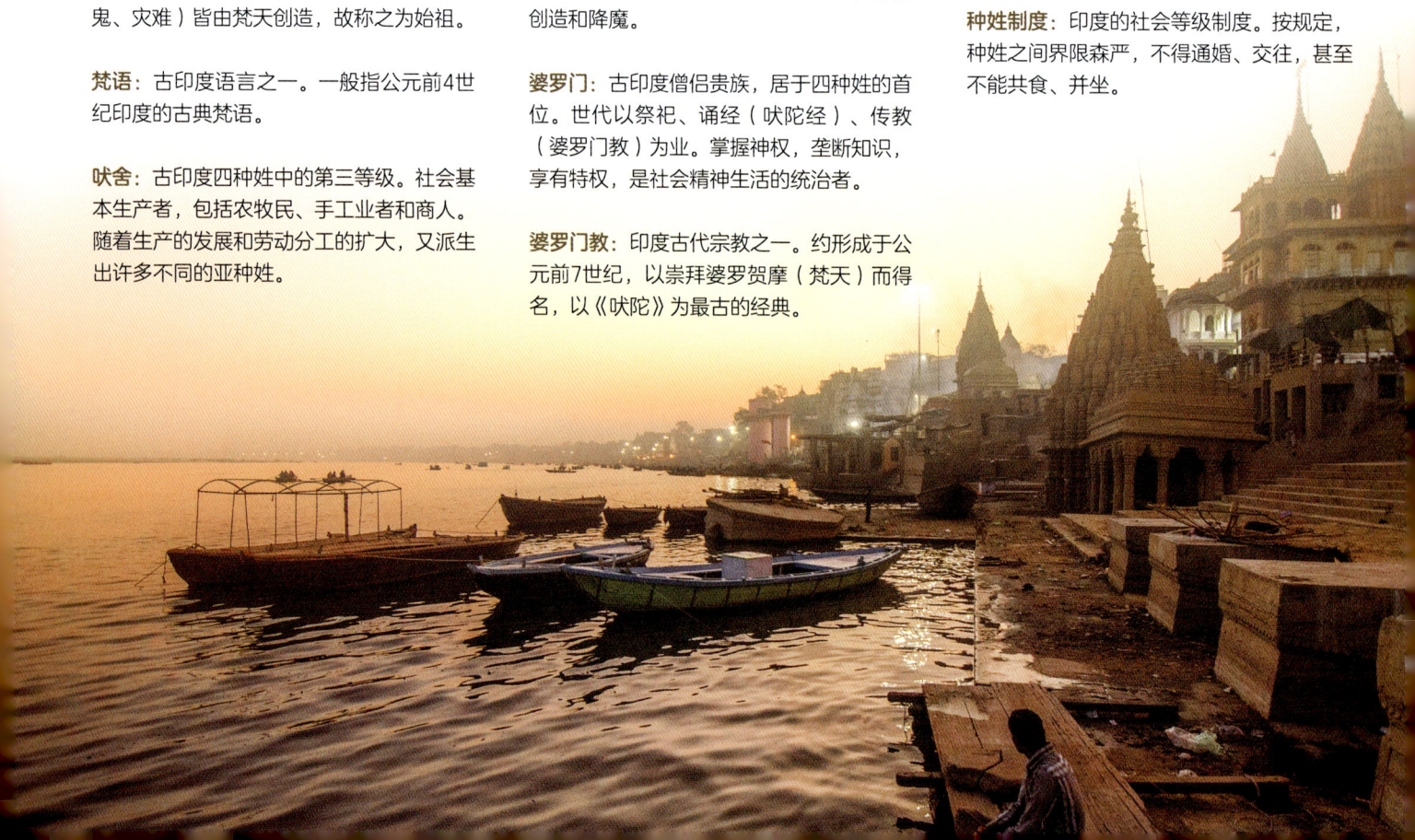

何　赟

毕业于北京大学南亚学系，中印经典互译计划译者、专栏作家。参与编译《中印文化交流百科全书》《印度与中国》，出版《迷思印度：七位大神和他们的前世今生》《迷思印度：七座圣城和她们的神话故事》等电子书作品。知乎"印度文化"领域优秀回答者，总阅读量超2000万次。

图书在版编目（CIP）数据

印度文明 / 何赟著. — 上海：少年儿童出版社，2022.10

（中国少儿百科知识全书）

ISBN 978-7-5589-1508-6

Ⅰ.①印… Ⅱ.①何… Ⅲ.①文化史—印度—少儿读物 Ⅳ.①K351.03-49

中国版本图书馆CIP数据核字（2022）第194326号

中国少儿百科知识全书

印度文明

何　赟　著

刘芳苇　熊灵杰　装帧设计

责任编辑　沈　岩　策划编辑　王乃竹

责任校对　陶立新　美术编辑　陈艳萍　技术编辑　许　辉

出版发行　上海少年儿童出版社有限公司

地址　上海市闵行区号景路159弄B座5-6层　邮编 201101

印刷　深圳市星嘉艺纸艺有限公司

开本　889×1194　1/16　印张 3.75　字数 50千字

2022年10月第1版　2025年6月第3次印刷

ISBN 978-7-5589-1508-6 / Z·0047

定价 35.00 元